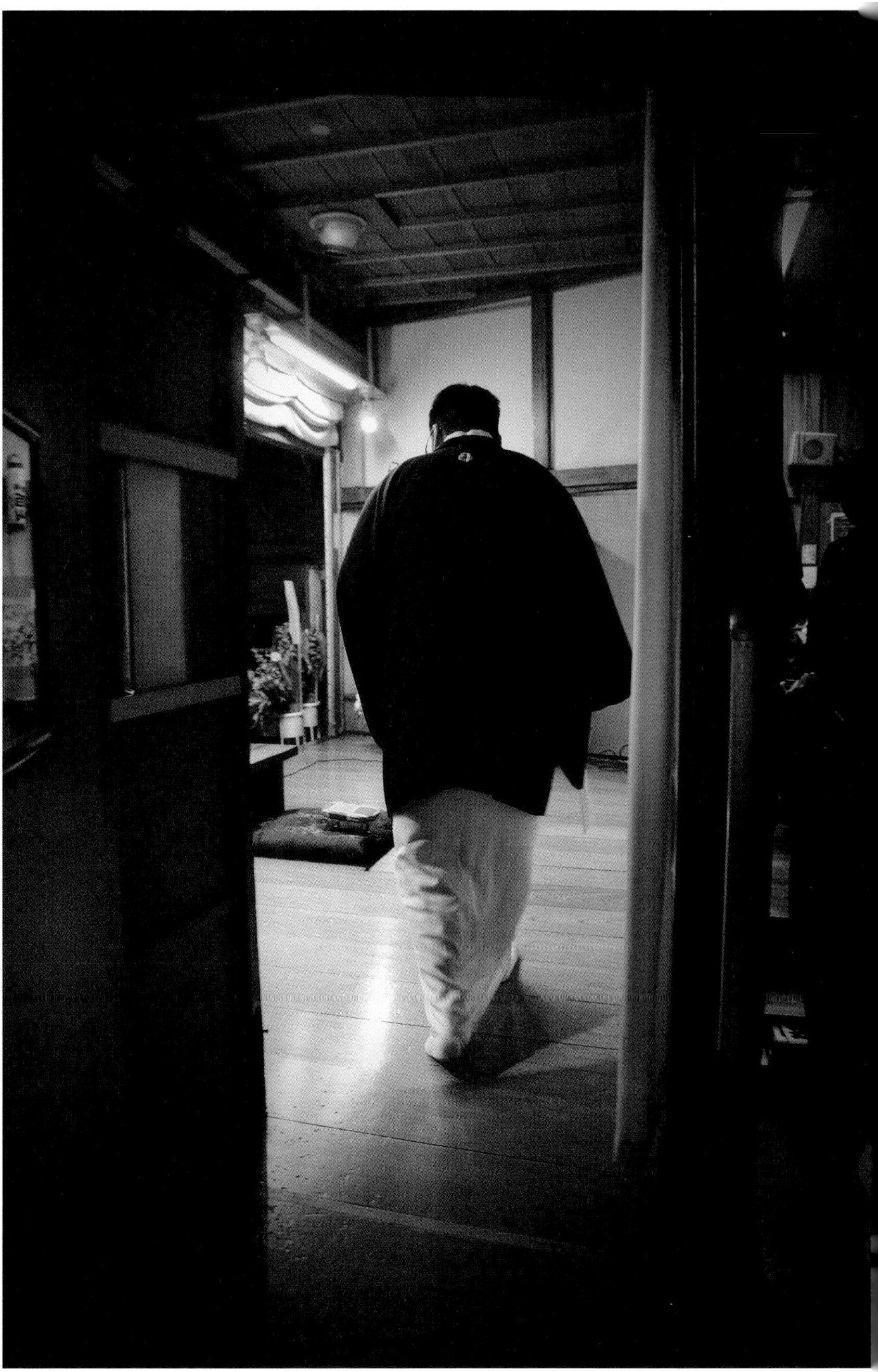

写真：橘蓮二

この本に出てくる講談ゆかりの地

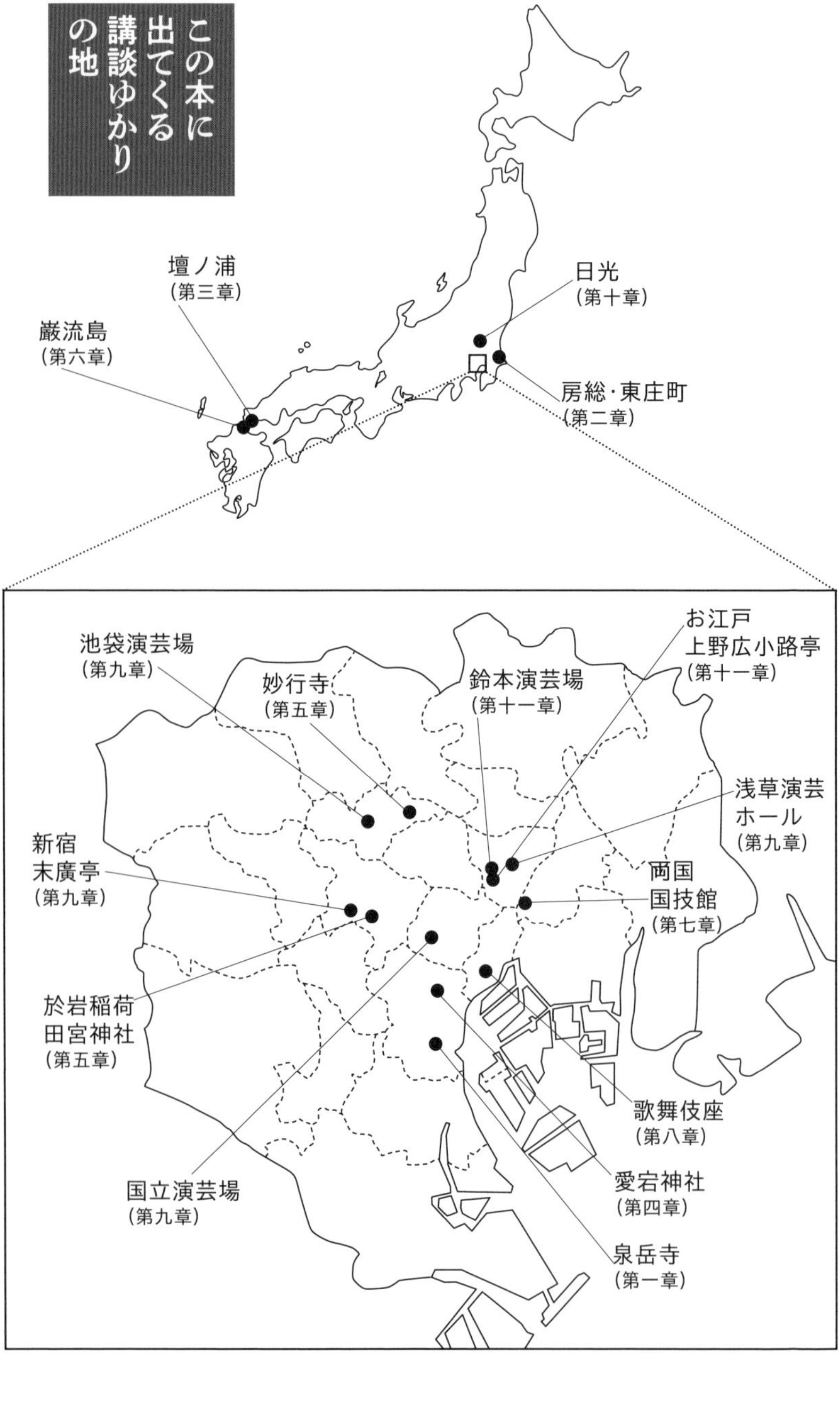

講談放浪記＊目次

ブックデザイン……守先正
題字……竹下直幸
構成……九龍ジョー
カバー作品……山口晃《芝大塔建立乃圖》(部分)
2005 カンヴァスに油彩、水彩 100×380cm 撮影：宮島径
©YAMAGUCHI Akira, Courtesy of Mizuma Art Gallery
写真……岩淵弘樹
協力……冬夏株式会社
●本書の記述は二〇二三年五月現在のものです。

講談放浪記　神田伯山

はじめに

「聖地巡礼」という言葉があります。

文字どおり、宗教上の神聖な場所を信者がお参りするような行為を指しますが、いまでは、小説や映画、アニメなど、フィクションの舞台となった場所をファンが訪ね、作品に想いを馳せるような行為についても使われます。もしかしたら、後者の用法のほうが、すでに一般的かもしれません。

じつは講談というのも、この「聖地巡礼」と非常に相性のいい芸能です。

なぜなら講談は、歴史上の出来事や、そこに登場する人物たちをベースに編まれた物語を扱う芸能だからです。講談の舞台となった場所ですとか、登場人物たちの足跡に、現地に行けば、いまでも触れることができるというわけです。

これは、同じ話芸としてよく比較される落語との、大きな違いのひとつでもあります。落語には、江戸の地名こそ出てきますが、そこに歴史上の固有名詞を持つ人物が登場するのはごくまれです。

言ってみれば、落語は基本的に架空のフィクションですが、講談は元ネタのあるフィクションなのです。


この『講談放浪記』は、二部構成となっています。

まず第一部では、名作講談の舞台となった場所を訪ね、在りし日の姿と現在を行き来することで、講談の持つ物語としての魅力を広く知っていただければと思います。

講談の特徴として、虚実のブレンドの妙ということが挙げられます。なにしろ、「講釈師、見てきたような嘘をつき」と言われるぐらいで、いかにも真実そうな話がフィクションだったりしますが、「いや、これは絶対に作り話だろう」と思われるエピソードが、案外、史実に沿っていたりもします。

この意外性がまた、面白いのです。

講談は、聴くだけでも楽しめますが、実際に現地に足を運んでみることで、さらに深く味わえる芸能でもあるのです。


そんな講談ですが、永らく絶滅の危惧が叫ばれていました。

象徴とも言える出来事が、一九九〇年、本牧亭という講釈場（講談専用の寄席）が閉場したことです。

以来、城を失ったことで、講談という芸能そのものも、放浪の途次にあるといえます。

ですから、現代を生きる講談師である私にとっては、新たな講釈場をつくることが、夢であり、使命でもあります。

そこで、この本の第二部では、他の芸能やジャンルの城も訪ねながら、講談という芸能の来し方行く末を再点検し、来るべき講釈場のあり方についても考えたいと思います。

このプロセスを読者の皆さんにも共有していただくことで、講談のドキュメンタリー的な面白さを、よりリアルタイムなものとして感じていただくことができるのではないかと思うのです。

つまり、これは放浪の経過報告であると同時に、講談の現在地を皆さんに知っていただき、「場」という視点から講談を掘り下げていく本でもあります。

巻末では、現在、講談界において唯一の人間国宝にして私の師匠、神田松鯉《かんだしょうり》の胸を借り、たくさんの答え合わせと、未来につながるお言葉も頂戴しました。

では、さっそく旅を始めてみたいと思います。
まずは、赤穂義士《あこうぎし》の聖地、泉岳寺《せんがくじ》へ――。

第一部

講談の舞台を訪ねる

第一章

＊

『赤穂義士伝』泉岳寺が伝える四十七士の虚実

『赤穂義士伝』は、講談にとって最重要である読み物のひとつです。

もっとも赤穂義士による吉良《きら》邸への討ち入りを軸とする赤穂事件——いわゆる忠臣蔵の物語は、日本を代表するエンタメコンテンツといってもよいでしょう。

「曽我《そが》兄弟の仇討ち[※1]」、「伊賀越《いがご》えの仇討ち[※2]」と並ぶ日本三大仇討ちに数えられることもありますし、人形浄瑠璃や歌舞伎の世界では、「芝居の独参湯《どくじんとう》（気付け薬）」、すなわち興行のカンフル剤と言われるほどの鉄板興行だった時代もあります。小説、映画、テレビドラマも数多くつくられています。

そのなかでも、講談という芸能は、とりわけ『赤穂義士伝』との相性がよいと思うのです。

論より証拠、まず読み物の数が膨大です。

「本伝」があり、四十七士それぞれの逸話を読む「銘々伝《めいめいでん》」がある。さらに義士以外の人物にスポットを当てた「外伝」まで入れると、合わせて三百席以上に及ぶと言われます。

とくに「銘々伝」は、四十七士全員にスポットが当てられており、比

※1　曽我兄弟の仇討ち
一一九三年、源頼朝《みなもとのよりとも》が富士の裾野で行った大規模な巻狩《まきが》り（神事祭礼や軍事演習の目的で、獲物を多人数で囲み徐々に追い詰めていく狩競《かりくら》の一種）の折、現在の静岡県富士宮市の地で、兄・曽我十郎祐成《そがのじゅうろうすけなり》と弟・曽我五郎時致《そがのごろうときむね》が父の仇・工藤祐経《くどうすけつね》を討ち果たした事件。

※2　伊賀越えの仇討ち
一六三四年に岡山藩士・渡辺数馬《わたなべかずま》が義兄・荒木又右衛門《あらきまたえもん》とともに、敵の河合又五郎《かわいまたごろう》を現在の三重県伊賀市の鍵屋の辻で討った事件。脚色され講談、歌舞伎などになった。

較的、名作が多いとされています。

一龍斎のお家芸とも言われますが、各流派が読みますし、それぞれ細かい違いもあります。

共通して言えるのは、『赤穂義士伝』というブランドを大事にしている、ということでしょうか。

私の大師匠である二代目神田山陽※3が詠んだ、このような川柳があります。

「冬は義士、夏はお化けで飯を食い」

ことほどさように、講談師にとって義士伝は大切なメシの種だというわけです。

現在、講談界で義士伝の読み物をいちばん多く持っているのは、私の師匠、神田松鯉※4かもしれません。

私の前名である「松之丞《まつのじょう》」は、大石内蔵助《おおいしくらのすけ》嫡男で義士のひとりでもある大石主税《おおいしちから》の幼名（大石内蔵助の幼名も同じだったようですが）にあやかって、師匠がつけてくれました。姉弟子、神田阿久鯉※5の「阿久鯉」という名も、のちに瑤泉院※6と称した浅野内匠頭※7の妻の名前にちなんだもの

※3　二代目神田山陽《かんださんよう》
一九〇九～二〇〇〇年。講談師。書籍取次の大阪屋号《おおさかやごう》書店の跡継ぎとして家業を手伝うかたわら、講談の発展に力を尽くす。一九三九年、「品川連山《しながわれんざん》」の名で高座に上がり、一九四二年、真打昇進。一九五五年、二代目山陽襲名。著書に『桂馬の高跳び 坊っちゃん講釈師一代記』（中公文庫）。

※4　三代目神田松鯉
211ページ参照。

※5　神田阿久鯉《かんだあぐり》
講談師。一九九六年、三代目神田松鯉に入門。二〇〇八年、真打昇進。

※6　瑤泉院《ようぜんいん》
27ページ参照。

※7　浅野内匠頭《あさのたくみのかみ》
27ページ参照。

であり、もちろん師匠の命名となります。
そんな師匠のもとで講談の修業を積むにつれ、私も自然と赤穂義士の世界に馴染んでいきました。

義士の子孫の前で

港区高輪にある萬松山《ばんしょうざん》泉岳寺は、忠臣蔵の聖地と言われています。浅野家とゆかりのあったこの泉岳寺に浅野内匠頭が埋葬されたことから、隣接する墓域に、瑤泉院や四十七士らの墓も寄り添うように建てられました。

道路に面した中門をくぐると、続く山門の手前に建つ大石内蔵助の銅像が目に入ります。明治から大正にかけて浪聖《ろうせい》と謳《うた》われ活躍した浪曲師・桃中軒雲右衛門※8の発願で鋳造されたものだそうです。『赤穂義士伝』は、浪曲中興の祖とも言われる雲右衛門の得意の演目でもありました。

私は二ツ目時代に、この泉岳寺の庫裡《くり》で何度か『赤穂義士伝』を読んだことがあります。毎年、討ち入りのあった十二月十四日には全国各地

※8 **桃中軒《とうちゅうけん》雲《くも》右《え》衛門《もん》**
一八七三〜一九一六年。明治時代から大正時代にかけて活躍した浪曲師。『義士伝』で人気を博し、一九一二年には歌舞伎座での公演を行い、浪曲界の中興の祖と言われる。

で「義士祭」が行われますが、その一環で、中央義士会という明治から続く忠臣蔵の研究会が主催する「赤穂義士追憶の集い」に呼んでいただいたのです。

最初に呼ばれたのは二〇一四年、読んだのは『勝田《かった》新左衛門《しんざえもん》』でした。いまでも忘れません。一席読み終えたところで、最前列の年配の男性のお客さまが突然スッと立ち上がられたんです。一瞬、「怒られるのかな」と思ったら、司会をしていた中央義士会の方が、こう紹介してくださいました。

「この方は、勝田新左衛門[※9]のご子孫です」

驚きました。と同時に、これぞ講談の醍醐味だとも思いました。

登場人物のご子孫の方が、私の講談を目の前で聴いてくださるという。これはシビれます。ご本人も喜んでくれたので、なおさらです。

泉岳寺の本堂横に建つ講堂の二階は、義士木像館になっています。

木像とはいえ、四十七士が並ぶと、その存在感に圧倒されます。

それぞれ行年なども記されており、たとえば神崎与五郎[※10]なら三十八歳。ほぼ現在の私と同年代です。かと思えば、大石主税はまだ十代半

※9　**勝田《かった》新左衛門《しんざえもん》**
赤穂藩士、四十七士のうちのひとり。当初より盟約に加わり、江戸に出て堀部《ほりべ》安兵衛《やすべえ》ら江戸急進派に合流、杉《すぎ》野《の》十平次《じゅうへいじ》宅に同居し、吉良邸の様子を探ったという。享年二十四。

※10　**神崎与五郎《かんざきよごろう》**
赤穂藩士、四十七士のうちのひとり。風流人として知られ、「竹平《ちくへい》」という俳号を持つ。四十七士随一の酒豪としても知られる。享年三十八。

ば。子どもを持つ身としてもぐっとくるものがあります。

このあたり、そのときの自分の年齢によっても、そのつど感じ方が変わってきそうです。

また、それぞれ何石取りの身分であったかということなども書いてあります。

たとえば、『赤穂義士伝』の『南部坂《なんぶざか》雪の別れ』には連判状に記された四十七士の名前を言い立てるくだりがありますが、こうした知識を踏まえておくと、読む際の心がまえも変わってきます。

大石内蔵助から始まり、最後に足軽の寺坂吉右衛門[※11]――この順番は我々の業界で言うところの香盤[※12]みたいなものですから、ただずらずらと並べればいいというものではない。ましてや飛ばすということはありえないし、順序も間違えてはいけないわけです。

泉岳寺はかつて空襲の際に旧本堂が焼失してしまったのですが、赤穂義士の墓は被害を免れて、往時のままだそうです。

普段、平日に墓参りをしても線香の煙が絶えないような状態でして、

※11 寺坂吉右衛門《てらさかきちえもん》
赤穂藩加東郡郡代だった四十七士のうちのひとり、吉田忠左衛門《よしだちゅうざえもん》配下の足軽。同志に加えてもらえるよう願ったが、低い身分ゆえ躊躇され途中より義盟に加わった。討ち入り後、泉岳寺には寺坂の姿はなく、離脱の真相は諸説あるが、不明。享年八十三。

※12 香盤《こうばん》
内部の序列をあらわす。上下関係やワリ（お客の入りと演者の格に応じて支払われる給金）などが決まる。

これが討ち入りのあった十二月十四日前後には長い行列となるそうです。時には義士墓地まで辿り着くのに一時間待ちということもあるとか。墓地の奥に鎮座する浅野内匠頭の墓は、手前にある妻瑤泉院のものよりもずっと質素です。幕府の命による切腹、かつお家取り潰しでしたから、お上を憚って、墓を豪奢にすることができなかったのだと中央義士会の方が教えてくれました。

しかし思うのは、発端となった江戸城松之廊下の刃傷事件のことです。なぜ浅野内匠頭は吉良上野介[※13]を斬りつけたのか。

この最も核となる部分の真相が判然としていないわけです。誰もが感情移入できるような決定的に理不尽な仕打ちでもあればシンプルですが、そうなっていない。

でも、その死角にこそ、フィクションの入り込む余地があるんですね。そして、いつのまにか忠義を軸にした美談にまでなっているという。

このフィクションで史実をねじ伏せる点に、私は講談的な面白さを感じます。

専門家に伺うと、そもそも史実とフィクションとが切り分けられたの

※13 **吉良《きら》上野介《こうずけのすけ》**
27ページ参照。

は、近代になってからのことだという指摘もあるそうです。かつては、長い時間をかけてフィクションとして紡がれてきた物語が、イコール史実でもあったと。

そういう意味で、講談師もまさに歴史をつくってきたのかもしれません。

といっても、まずは目の前の食い扶持のためであり、いかに物語を面白くするかに心を砕いた結果でもあるのでしょう。そして、面白くしたからこそ後世に残っていったのもまた事実だと思います。

介錯人の視点

やはり境内に建てられた赤穂義士記念館には、世にも珍しい「首請取《くびうけとり》状《じょう》」という文書が展示されています。

討ち入りのあと、吉良上野介の首級は、義士たちの手によって浅野内匠頭の墓前に手向けられました。ですがその首は、吉良家から要請があって、討ち入りの翌々日には本所吉良邸に返却されたそうなんです。

その際、首を届けた僧侶が吉良家から受け取ったとされるのが、この首請取状なんですね。「首　一ツ」などと事務的に書かれた文字を見ると、たいへんゾクッとします。

たった一枚の紙が、史実の重みを感じさせてくれるのです。

そういえば、第十章で紹介する日光江戸村には、吉良上野介邸の門構えが再現された武家屋敷があります。実際どれほど正確なものかはわかりませんが、あの門の厚みや大きさを目の当たりにすると、たしかにここに討ち入るのは周到な準備が必要だろうし、命懸けであっただろうなと思います。

本懐を果たした四十七士は、足軽の寺坂吉右衛門を除き、大名四家（細川家、松平家、毛利家、水野家）に分かれての預かりの身となりました。そして五十日後、それぞれの庭先で切腹をしました。

泉岳寺から徒歩数分の距離にある細川家の庭先では、大石内蔵助以下十七名が切腹しております。この場所が、史跡としていまも遺されているんですが、なにもない土地が住宅街の真ん中で塀に囲まれている、というなかなかユニークな状況になっています。

普段は施錠されており、中央義士会の方々が清掃するときにだけ入り口の門を開けるそうです。私もそのタイミングでなかに入らせてもらいました。

岩と木だけの空間に、目印のように大きな石がひとつ置かれています。そこがまさに大石ら十七名が切腹した場所であるそうです。

私が拝見した日は、大石内蔵助の介錯人を務めた細川家家臣、安場一平※14の子孫の方が、親子で来られていました。

この安場一平の逸話も、『赤穂義士伝』の一席として講談になっています。切腹直前の大石に身分を尋ねられた安場一平が、介錯する自分が低い身分では大石殿に申し訳ないと、足軽なのを偽って、少し位が上の身分を騙《かた》るのです（この後日譚が話のキモとなります）。

同じようなエピソードが、『荒川十太夫』※15という私の持ちネタのなかにも出てきます。こちらは堀部安兵衛※16の介錯人となった荒川十太夫が、やはり同様の理由で身分を偽るというもの。

ほかにも、大石内蔵助の介錯人となったとされる小田小右衛門《おだこえもん》など、

※14 **安場一平《やすばいっぺい》**
熊本藩細川家の家臣。四十七士の首領、大石内蔵助の介錯を務めた。講談では足軽という低い身分で描かれているが、実際の介錯当時の身分は御物頭《おものがしら》という重臣であった。

※15 **『荒川十太夫《あらかわじゅうだゆう》』**
152ページ参照。

※16 **堀部安兵衛**
赤穂藩士、四十七士のうちのひとり。一六九四年、高田馬場での仇討ちの助太刀で剣の腕が評判となり、赤穂浅野家の重臣、堀部弥兵衛《やひょうえ》に見込まれ養子となり家督を継ぐ。江戸急進派のリーダー格として討ち入りに尽力する。

義士伝には似たような話がいくつか存在します。ということは、つまりは講釈師の手によるフィクションなのでしょう。

実際、安場一平の子孫の方によれば、一平はもともと二百石取りの武士だったとのこと。身分を偽る必要などなかったというわけです。

ここで面白いのは、子孫の方から見て曽祖父にあたる代に、大石の介錯人であった「安場一平」をこのような設定で講談に使ってもいいかとある講釈師から相談されて、許可をしたことがあったそうです。読み物の登場人物として勝手に名前を借りることのほうが多かったでしょうから、子孫に許可を取るというのは、かなり誠実なケースかもしれません。

協会をつなぐ義士伝

ちなみに安場家では、一平が大石内蔵助を介錯したという刀を、いまでも代々、大切に受け継いでいるそうです。

介錯人の視点もまた、外伝として成立する。

これも『赤穂義士伝』という物語の厚みあってのことでしょう。

私が独演会で『荒川十太夫』を読むときは、その前に同じく堀部安兵衛が登場する読み物である『安兵衛駆け付け』や『安兵衛婿入り』[※17]を続けて、一連の物語としてパッケージすることもよくやります。

伯父の仇討ちに駆け付ける若き安兵衛から始まり、堀部家への婿入り、浅野内匠頭との邂逅、討ち入りへ。そして、最後は安兵衛を介錯する荒川十太夫の視点へと切り替わる。

切腹する安兵衛の来し方を頭に入れておいていただくことで、『荒川十太夫』へのお客さまの没入度はガラッと変わります。

しかも、このように読み物を並べてみることで、『赤穂義士伝』には、笑いあり、涙あり、さまざまな顔があることも伝わります。これはじつのところ、やってみて、私自身も発見でした。

二〇二一年十月より「泉岳寺講談会」という講談会が始まりました。忠臣蔵ゆかりの「切腹最中」で知られる和菓子屋、新正堂さん[※18]がスポンサーとなり、泉岳寺の講堂で毎月十四日に『義士伝』を読むという公演です。

※17 **『安兵衛駆《やすべえか》け付《つ》け』『安兵衛婿入《やすべえむこい》り』**
『赤穂義士伝』の銘々伝のうちの二席。伯山はこの二席を続けて読むことが多い。『安兵衛駆け付け』。伯父・菅野六郎右衛門《すげのろくろうえもん》の果たし合いを手紙で知って、安兵衛は京橋から高田馬場へと駆け付けるが、すでに伯父は討たれた後。伯父の仇とたちまち十八人を斬って捨てた。『安兵衛婿入り』。その果たし合いを見ていた播州浅野家の堀部弥兵衛金丸の妻が、弥兵衛にその話をすると「ぜひその男を娘の婿に」と江戸の街を探し当てる。

※18 **新正堂《しんしょうどう》**
吉良上野介に刃傷に及んだ浅野内匠頭は、陸奥一関藩主、田村右京大夫《たむらうきょうだゆう》に預けられ、その日のうちに切腹となった。その一関藩上屋敷があった場所にある和菓子店。名物はこぼれんばかりにたっぷりと餡の入った「切腹最中」。

画期的なのは、一九九一年に分裂して以来、初めてとなる講談協会[※19]と日本講談協会[※20]の共催による会だという点。『赤穂義士伝』が両協会のかすがいとなったわけです。私も一周年となる二〇二二年十月十四日に出演させてもらいました。やはりこうした会は続けていくことに意義があると思います。

一方で、「忠臣蔵」という単語すら知らない若者も増えています。さらに言えば、テレビや映画でも時代劇は減っています。すでに武士の見た目や行動様式にまったく馴染みのない世代が現れているといっても過言ではありません。

そうしたご時世に、『赤穂義士伝』の魅力をどう伝えていけばよいのでしょうか。

たとえば「忠義」という概念も、江戸時代への理解があってこそのもの。これをそのまま現代の価値基準に置き換えてしまうと、そぐわない部分も数多く出てきてしまう。

しかし、それでもなお『赤穂義士伝』には、現代を生きる私たちの心を打つ要素があると私は感じています。

※19　講談協会
一九八〇年、設立。初代会長は五代目宝井馬琴《たからいばきん》。二〇一〇年より人間国宝の一龍斎貞水《いちりゅうさいていすい》が会長職を務めるが、逝去にともない二〇二一年より五代目宝井琴梅《きんばい》、二〇二三年より四代目宝井琴調《きんちょう》が会長となり現在に至る。

※20　日本講談協会
一九七三年、講談協会から分裂して設立。一九八〇年、講談界が統一され、講談協会となり、会長は五代目宝井馬琴に。一九八六年、二代目神田山陽が会長となる。一九九一年、再び分裂して日本講談協会となる。以後、講談界は「講談協会」と「日本講談協会」に分かれている。二〇〇六年より神田紅《くれない》が会長となり現在に至る。

神田愛山[※21]先生は、『義士伝』のテーマについて、「別れ」だとおっしゃいます。

私はそれを聞いたときに、『義士伝』の捉え方がぐっと深まりました。有り体に言えば、『義士伝』がより好きになりました。

最近も、久世番子[※22]先生の漫画『ひらばのひと』のなかに、「義士はすれ違う人間の物語なんだ」という台詞が出てきました。これまた現代人にも届く言葉ではないかと思います。

いくつもの別れやすれ違いを重ねて、味わいが変わる。

『赤穂義士伝』にはこのような魅力があるということも、広くアピールしていきたいですね。

※21　神田《かんだ》愛山《あいざん》
一九五三年～。講談師。一九七四年、二代目神田山陽に入門。一九八七年、真打昇進、二代目神田愛山襲名。

※22　久《く》世《ぜ》番子《ばんこ》
漫画家。『モーニング』（講談社）で連載中の「講談師」漫画『ひらばのひと』の作者。伯山が監修を務める。二〇〇〇年、『NO GIRL, NO LIFE!』（新書館）でデビュー。作品に『パレス・メイヂ』（白泉社）、『神は細部に宿るのよ』（講談社）などがある。

第一章に出てくる講談のあらすじ

『赤穂義士伝』は、いわゆる忠臣蔵の物語だ。播州赤穂の藩主・浅野内匠頭が、元禄十四年（一七〇一年）三月十四日、江戸城松之廊下で高家旗本の吉良上野介に刃傷に及び、切腹、お家断絶となった。そこから家老・大石内蔵助をはじめとする四十七人の義士は、さまざまに身をやつし仇討ちの機会を狙い、元禄十五年（一七〇二年）十二月十四日夜、吉良邸に侵入し上野介を討ち果たした。のち、義士たちは切腹となる。この一連の事件の史実を読む講談には、さまざまな視点から題材にした演目が、およそ三百席ある。

それらの中から、本章に登場した二つの銘々伝を取り上げる。

『勝田新左衛門』。牛込に住む御家人・大竹《おおたけ》重《じゅう》兵衛《べえ》は、一人娘のお光《みつ》の婿探しに奔走していたが、浅野家の家臣で中小姓の勝田新左衛門の器量に惚れ込み、お光を嫁がせ、孫もできて満足の日々。その六年後、浅野内匠頭刃傷に及び、重兵衛はお光と孫を預かり、新左衛門は国許に戻ったのち、行方知れずに。元禄十五年十二月十三日、重兵衛は両国橋で新左衛門と出会い、翌日、新左衛門は伊達家に仕官が決まったと告げに来るが、その晩、新左衛門が吉良邸討ち入りに加わったことを重兵衛は翌朝の瓦版を見て知ることになる。

『南部坂雪の別れ』。討ち入り当日、赤坂南部坂の浅野内匠頭の奥方であった瑤泉院の元を大石内蔵助が訪ね、今宵の討ち入りを伝えようとするが、居並ぶ女中の中に不審なものがいるかもしれぬと考え、仇討ちの意思なくこれからも遊び呆けると伝え、瑤泉院は怒って部屋を出る。内蔵助は瑤泉院に仕える戸田《とだの》局《つぼね》に袱紗包を渡してその場を去った。その中に四十七士の連判状があるのを見つけるのだった。

泉岳寺

東京都港区高輪2−11−1

■ＪＲ山手線《高輪ゲートウェイ駅》下車徒歩7分
■都営浅草線《泉岳寺駅》下車徒歩3分

慶長十七年（一六一二年）、徳川家康が今川義元《いまがわよしもと》の菩提を弔うため外桜田に建立、寛永十八年（一六四一年）の大火で伽藍焼失し、三代将軍・家光の命により現在の地に移転再建となった。そのときに尽力した大名のひとつが浅野家で、その時以来の縁により泉岳寺は浅野家の菩提寺となる。

元禄十五年（一七〇二年）の義挙の後は赤穂四十七士の墓所としても知られ、寛延元年（一七四八年）、人形浄瑠璃と歌舞伎で『仮名手本忠臣蔵』が初演され、その興行が盛んになるにつれて、参拝者が増えていった。

山門をくぐって左に向かっていくと、赤穂義士墓地がある。浅野内匠頭とその奥方・瑤泉院の墓所の脇に、四十七士に萱野《かやの》三平《さんぺい》の供養墓を加え、四十八墓が並ぶ。毎年四月初旬と十二月十四日には赤穂義士祭が催され、多くの参拝者が訪れる。

※詳しくは https://sengakuji.or.jp/

赤穂義士記念館

東京都港区高輪2─11─1

■JR山手線《高輪ゲートウェイ駅》下車徒歩7分
■都営浅草線《泉岳寺駅》下車徒歩3分

討ち入りで使った陣笠や吉良上野介の首級の請取状など義士ゆかりの貴重な遺品が収められており、忠臣蔵についてのビデオも上映している。近接の義士木像館には江戸末期から明治二年（一八六九年）までに制作された四十七士の木像が展示されている。

※拝観料大人500円／中高生400円／小人（10歳以上）250円

大石良雄外《ほか》十六人忠烈の跡

東京都港区高輪1丁目

■東京メトロ南北線・都営三田線《白金高輪駅》より徒歩5分
※泉岳寺より徒歩7分

元禄十六年二月四日（一七〇三年三月二十日）、細川家下屋敷において、大石内蔵助ほか赤穂義士十六名が切腹した。ここは義士たちがお預けとなった大名四家の屋敷の中で、唯一、切腹場所が特定されている場所である。財団法人中央義士会と東京都教育委員会によって管理されており、一般公開はされておらず、ふだんは中に立ち入ることはできない。

※場所は、都営高輪一丁目アパートの敷地内ゆえ、静かに周囲の雰囲気を味わうにとどめたい。

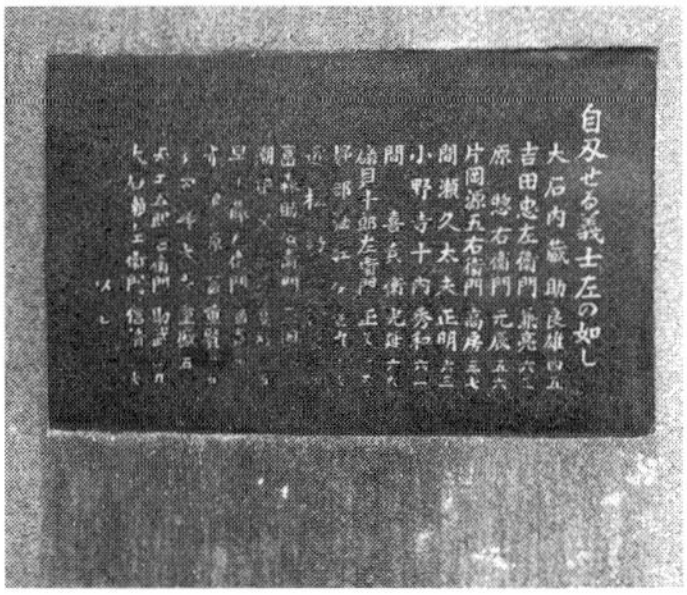

天保水滸傳發祥之地
笹川山成蓮院
延命寺
笹川繁蔵乃勝負石

第二章

*

『天保水滸伝』房総に遺された侠客たちの息吹

『天保水滸伝《てんぽうすいこでん》』という物語をご存じでしょうか。

江戸末期の天保年間、利根川べりの下総《しもうさ》の俠客、笹川繁蔵《ささがわのしげぞう》一家と飯《いい》岡助五郎《おかのすけごろう》一家の、血で血を洗う縄張り争いがあった。

これを宝井琴凌※1という講談師が、旅回りの途中で取材をして、講談に仕立てたのが、『天保水滸伝』。この講談によって、多くの人たちが初めて抗争の全貌を知ったとも言われています。

やがて時代とともに『天保水滸伝』は、浪曲、演劇、小説、映画にドラマと、何度も脚色され、俠客物の定番となります。

タイトルに馴染みがなくとも、勝新太郎※2の当たり役で有名な時代劇シリーズ『座頭市《ざとういち》』なら聞いたことのある方もいらっしゃるのではないでしょうか。原作は、笹川と飯岡の抗争を取材した子母澤寛※3のエッセイです。この座頭市、飯岡方についた渡世人だったんですね。

あるいは、長谷川伸※4の戯曲『瞼《まぶた》の母』も有名でしょう。これも、『天保水滸伝』のスピンオフとなる話です。

真実だった古老の口伝

※1 **初代 宝井琴凌《たからいきんりょう》**
一八二七〜一八六九年。講談師。江戸時代末期に活躍。二代目東流斎《とうりゅうさい》馬琴《ばきん》に入門。初代宝井琴凌を経て、のちに三代目東流斎馬琴を襲名。一八五〇年、琴凌は下総の地を旅した際に聞いた俠客の抗争劇を骨格にして講談に仕立て上げた。それが『天保水滸伝』である。

※2 **勝新太郎《かつしんたろう》**
一九三一〜一九九七年。俳優。戦後昭和期、映画会社・大映の看板スターとして一世を風靡。ふたつの映画シリーズ『座頭市』『兵隊やくざ』で不動の人気を得た。

※3 **子母澤寛《しもざわかん》**
一八九二〜一九六八年。小説家。一九一九年、読売新聞社に入社。のちに東京日日新聞の記者に。新聞記者のかたわら、旧幕臣などに取材し一九二八年、『新選組始末記』でデビュー。『国定忠治』の新聞連載が評判を呼んだ。

笹川と飯岡の抗争をめぐっては、当時、それを目撃した語り部ともいえる古老が何人かいたそうです。

たとえば「東の老人」と呼ばれた古老は、子どもの頃、笹川方の用心棒・平手造酒《ひらてみき》が、血だらけで絶命するのを見届けたという。現地では、そうした話が昭和の頭ぐらいまで残っていて、それこそ子母澤寛などは元新聞記者ですから、彼らに話を聞き、ジャーナリスティックに背景を調べていく。

でも、証言しているのは、「東の老人」です。この絶妙なネーミングがいいですよね。本当は林甚右衛門《はやしじんえもん》という名前があるそうなんですが、なぜか「東の老人」と呼ばれている。

これが「大利根河原の決闘」[※5]という大がかりなケンカとなれば、死者もたくさん出ていますから事件として公文書が残っていたりもします。ですが、侠客にまつわる細かいエピソードとなると、ほとんどは口伝なんですね。地元の人ですら、大方は半信半疑なところもあったんじゃないでしょうか。あの老人がなにか言っているけど……、といった具合で。

ところが、なんと昭和七年（一九三二年）、道路の拡張工事で銚子あ

※4　**長谷川伸《はせがわしん》**〈32ページ〉
一八八四〜一九六三年。小説家、劇作家。『瞼の母』『一本刀土俵入』『沓掛時次郎《くつかけときじろう》』など、今でも上演される戯曲の名作を数多く世に送り出した。「股旅物」の第一人者であり、『荒木又右衛門』『日本捕虜志』『上杉太平記』など著作多数。

※5　**大利根河原の決闘**
『天保水滸伝』の中の名場面のひとつで、笹川繁蔵一家に飯岡助五郎が多数の子分を引き連れ殴り込みをかけた。この決闘で繁蔵方の食客、剣豪の平手造酒が斬り殺された。一八四四年に起こった史実に基づく。

たりの土地を引っ剝がしてみたら、地中から笹川繁蔵の胴体部分が出てきた。これが古老の口伝のとおりだったという。「ああ、『東の老人』が言っていたことは、本当だったのか！」と、みな驚いたそうですよ。

そういった後日譚までドラマチックなのが、この『天保水滸伝』なんです。

舞台となった千葉県の東庄町《とうのしょうまち》笹川に、私も何度か足を運びました。車で行くと、利根川の土手から、だだっ広い眺めがずうっと続きます。諏訪大神《すわだいじん》のそばには、天保水滸伝遺品館という建物があります。笹川繁蔵愛用のキセル、平手造酒愛用の徳利、そうした貴重な遺品が約五十点ほど展示されているという、天保水滸伝フリークにとってはたまらない施設です。

まあ、天保年間というとまだ二百年足らずしか経っておりませんから、遺品が残っていてもしかるべしです。ただ、それにしてもこんなものまで残っているのか、という高揚感があるんですね。

いまや断捨離の時代、モノを捨てることの合理性が叫ばれていますが、残しておくという作業もまた大事だし、その上、美しいことだな、と近頃は思うのです。

そういえば、二〇二一年にTBSラジオが七十周年を迎えるとのことで、過去の貴重な音源を特設ウェブサイトで配信しました。そこに五代目神田伯山※6の『天保水滸伝』も入っていたんです。『平手の駆け付け』というネタで、私も解説を加えさせてもらいました。

その名のとおり、平手造酒がケンカに駆け付ける場面が聴かせどころなんですが、五代目伯山先生のものを聴くと、そこに至る前、平手が知人宅で酒を飲みつつ、だらだらと過ごしている描写がとてもいいんです。このときに使ったかもしれない平手の徳利も、そして、それを読む五代目伯山の音源も残っているというありがたさ。

諏訪大神には、笹川繁蔵が若い頃、村の力自慢として四股を踏んだ土俵や、侠客として名を馳せてから建立したという、相撲の元祖・野見宿禰《のみのすくね》命《みこと》の碑なども残っています。

碑の解説文には、農民救済のために花会《はながい》を開催し、そこに大前田英五

※6 **五代目神田伯山**《かんだはくざん》
一八九八〜一九七六年。講談師。一九五七年、五代目神田伯山を襲名(実際は四代目)。「自己の心を欺かず強く生きる事」を人生観とし、一九七四年、勲四等叙勲を「ワイロ大臣じゃあるまいし」と断ったという。

郎※7や国定忠治※8、清水次郎長※9といった錚々たる親分衆が出席したことが記されている。この「農民救済」を名目としているところに、当時の侠客のありようがうかがえると思います。『天保水滸伝』では繁蔵の敵役として比較的悪人に描かれている飯岡助五郎も、実際は地域に貢献した名士の顔もあった、という話もあるくらいで。このへんは、フィクションならではの味付けなんでしょう。

そして、この繁蔵が開催したという花会が、笹川と飯岡の亀裂を決定づけたと言われます。

『天保水滸伝』では『笹川の花会』という一席がその場面に当たります。

花会の会場となったのは、笹川一家が根城にしていた料亭「十一《じゅういち》屋《や》」。この十一屋もまた、往時を偲ばせる形で残っております。

たいへん面白いのがこの十一屋、現在の主は陶芸家の加瀬《かせ》達郎《たつろう》さんという方で、なんと加瀬さんは飯岡の血筋なんです。さらに驚くべきことに、奥様のほうは笹川の血筋を受け継ぐ方だという。

馴れ初めを伺ったところ、お互いそのことを知らずに付き合い始めたそうです。じつに不思議な巡り合わせです。

※7　**大前田《おおまえだ》英五郎《えいごろう》**
一七九三～一八七四年。江戸時代末期に名を馳せた上州(現在の群馬県)の侠客。英五郎は笹川の花会に参加したとされる。

※8　**国定忠治《くにさだちゅうじ》**
一八一〇～一八五一年。江戸時代末期の侠客。「国定」は、上州国定村(現在の群馬県伊勢崎市国定町)の生地に由来するもので、本名は長岡忠次郎。飢饉の際、農民を助けた義侠心のある侠客として、講談や浪曲、新国劇など大衆演劇で人気のある演目となった。

※9　**清水次郎長《しみずのじろちょう》**
一八二〇～一八九三年。幕末から明治にかけて静岡県清水を縄張りとした侠客。「次郎長伯山」の異名をとり次郎長や子分たちの義侠心を押し出した講談師・三代目神田伯山によって名前が広まり、広沢虎造《ひろさわとらぞう》の浪曲がラジオやレコードで流れ一般化し、映画やドラマへと広がった。

講談師のジャーナリスト精神

この加瀬さん、我々の世界にも理解のある方で、数年前、浪曲師の玉川太福兄さん※10が、十一屋でかつての十一屋を舞台にした『笹川の花会』を唸る、という粋な会を催しました。当日、私も伺ったところ、地元の方が大勢詰めかけて、大喝采でした。ここではまだ『天保水滸伝』が生きている、ということを実感しましたね。

「利根の川風袂《たもと》に入れて月に棹《さお》さす高瀬舟《たかせぶね》」

さかのぼれば、この名調子で知られる二代目玉川勝太郎※11の浪曲によって、『天保水滸伝』は一世を風靡しました。

その孫弟子にあたり、太福兄さんの師匠でもあるのが、二代目玉川福太郎。いまは亡き、この福太郎先生の浪曲こそが、私が生まれて初めて聴いた『天保水滸伝』となります。

玉川奈々福※12姉さん肝煎りの企画で、小沢昭一※13さんや立川談春※14師匠など豪華ゲストを迎えて、最後に福太郎先生が『天保水滸伝』を唸るという

※10 **玉川太福《たまがわだいふく》**
一九七九年〜。浪曲師。二〇〇七年、二代目玉川福太郎《ふくたろう》に入門。二〇一三年、名披露目。古典、新作はもちろん、『男はつらいよ』シリーズを浪曲化している。落語家・浪曲師の四人組ユニット「ソーゾーシー」のメンバー。

※11 **二代目玉川勝太郎《たまがわかつたろう》**
一八九六〜一九六九年。浪曲師。一九一三年、初代玉川勝太郎に入門。一九三二年、二代目玉川勝太郎を襲名。『天保水滸伝』を得意とし、広く世の中に普及させた。

※12 **玉川奈々福《たまがわななふく》**
浪曲師。一九九五年、二代目玉川福太郎に入門。三味線の修業をしていたが、二〇〇一年より浪曲師としても活動。二〇〇六年、芸名を奈々福とし名披露目。他ジャンルの芸能、音楽との交流も多岐にわたって行う。

会でのことでした。このときの福太郎先生の『天保水滸伝』がもう圧倒的だった。

なので、私にとって『天保水滸伝』は、いまでも福太郎先生のイメージが強いのです。

それは、私が『天保水滸伝』を教わっている神田愛山先生も同じようで、長年、「『天保水滸伝』は福太郎兄さんがいるから、自分がやらなくてもいい」と思っていたそうなんです。ところが、福太郎先生が不慮の事故でお亡くなりになってしまった。そこで、どうにかしてこの読み物を残さねばと思い立ち、『天保水滸伝』と向き合ったとおっしゃっていました。

愛山先生は、さまざまな資料を参考に、史実に近いであろう年月日などを補強してくれました。講談師にとっては大事なところです。

たとえば、東庄町で『天保水滸伝』を読むとして、史実に詳しい方が聴けば、年月日までピタッとハマっていることが心地いいはずです。逆もまた言えますから、そこが逸れてしまったときのことを考えれば、年

※13 **小沢昭一**《おざわしょういち》〈37ページ〉
一九二九〜二〇一二年。俳優、エッセイスト。俳優座付属俳優養成所を経て、一九五一年、俳優座公演で初舞台。以後、新劇とテレビ、ラジオ、映画と幅広く活躍。『日本の放浪芸』シリーズのレコード化を手がける。TBSラジオ『小沢昭一の小沢昭一的こころ』は、一万四百十四回続いた長寿番組だった。

※14 **立川談春**《たてかわだんしゅん》〈37ページ〉
一九六六年〜。落語家。一九八四年、立川談志に入門。一九九七年、真打昇進。二〇〇八年、歌舞伎座にて「談志・談春親子会」を開催。著者に『赤めだか』（第二十四回講談社エッセイ賞受賞）。

月日というのは、いいかげんにはできない部分でもある。

とはいえ、ほとんどの逸話にエビデンスなんてものがないのも事実です。むしろ侠客の世界ですから、あえて証拠を消すケースのほうが多いでしょう。

そこに、宝井琴凌のような講談師がやってきて、事件の概要を調査し、真相に迫り、かつエンターテインメントとして作品に仕上げた。読み物になりそうな事件を聞きつけて、そこへ向かおうとする講談師の情熱やエネルギーに触れると、たいへん身の引き締まる思いがします。

笹川繁蔵が飯岡の子分たちに闇討ちされ、命を落とすのが「ビャク橋」という場所です。

ビャクというのは土地の言葉で「土が崩れている」という意味だそうで、たしかにいま行ってみても、なんてことのない砂利道です。

愛山先生がおつくりになった台本ですと、繁蔵は、仲間が待つ十一屋に帰る途中、ビャク橋で襲われます。ですが、じつはガイドの方に話を聞くと、十一屋から愛人宅に向かう途中にビャク橋で襲われた、というのが真相らしい。

それでも、十一屋へと帰る途中に襲われた――という設定のほうが、繁蔵の無念がより伝わりますし、カタルシスもありますよね。こういうさりげない脚色のスパイスが、講談の妙味かと。

連続物の現代性

いま『天保水滸伝』は、愛山先生がまとめてくださったものが七席あります。

本来はもっとあったそうです。ただ、愛山先生の師匠で、私の大師匠でもある二代目神田山陽は、講談を現代の客に通じるものにするための工夫として、長い物語を、短く刈り込むということをしました。愛山先生も、基本的にこの流れを汲んでいらっしゃいますから、巧みな編集で、『天保水滸伝』をじつに美味しく味わえるように料理しました。

一方で、私の師匠である神田松鯉は、大師匠が短くしたものを、再び長いバージョンへと還元する作業をしています。これまた方向性は真逆ですが、現代においてどちらも大事な作業であると私は思っています。

現代のエンターテインメントの潮流として、二時間前後で完結する映画もありつつ、映像系のコンテンツでは、長大な物語を少しずつ、じっくり楽しむという視聴スタイルも定着してきました。そうした時代にあわせて、講談の洗練された長い読み物をぶつけてみるというのは、たいへん意味のある試みではないかと思うんです。

『天保水滸伝』については、まだまだ埋もれている魅力的なキャラクターがいますし、サイドストーリーも多い。物語の基本となる筋は愛山先生に教えていただきましたので、これを補強し、膨らませるようなかたちで、およそ十数席ぐらいに再構築できるのではないかと考えています。

資料、速記、それから五代目伯山先生の音源などもありますから、これらを整理しながら、『天保水滸伝』をリニューアルする。これは六代目伯山としてというより、松鯉の弟子として、いずれ本格的に取り組むべき仕事のひとつになっていくはずです。

そういえば以前、『天保水滸伝』を七席連続で読む会に来てくださったスタジオジブリの鈴木敏夫[※15]プロデューサーが、この物語をたいへん気

※15 **鈴木《すずき》敏夫《としお》**
一九四八年〜。映画プロデューサー。徳間書店に入社し、『アニメージュ』の創刊に参加。副編集長、編集長を務めながら、高畑勲《たかはたいさお》、宮﨑駿《みやざきはやお》作品の製作に関わる。一九八五年、スタジオジブリの設立に参加、一九八九年からスタジオジブリ専従。以後ほぼすべての劇場作品をプロデュース。伯山が六代目襲名の折には後ろ幕を贈る。

に入ってくれました。もともと鈴木さんは演芸がお好きだということもあるんですが、どこか必然の流れのようなものも感じました。

たとえば映画『平成狸合戦ぽんぽこ』は任侠物の世界がベースになっていますよね。思えば鈴木さんはジブリ名義で、私の真打昇進襲名披露興行に後ろ幕を贈ってくださいました。そこに描かれていたのが、同映画に出てくるタヌキの「文太」です。この文太が、まさに侠客物の股旅スタイルなんですね。

あるいは、現代を代表する漫画『ONE PIECE』。こちらは海賊の話ですが、根底にあるのは任侠物の世界である、と作者の尾田栄一郎[※16]先生が公言されています。

つまり、これらの名作は、講談や浪曲がつないできた物語の財産を活用しているといってもいい。

そして、かくいう講談師である私自身も、この財産を受け継ぎ、活かすことが大事になってくると思っています。

いろいろなジャンルにおいて侠客物は楽しまれていますが、原点となる肝心の講談がつまらないとお客さまに思われてはなりません。そうい

※16 尾田《おだ》栄一郎《えいいちろう》
一九七五年〜。漫画家。一九九七年より『週刊少年ジャンプ』に『ONE PIECE』を連載開始、「最も多く発行された単一作家によるコミックシリーズ」としてギネス世界記録に認定されている。二〇一九年、九十二巻の発売記念で、伯山（当時は松之丞）が「ワノ国 〜侍の国の冒険〜」の一幕を講談で表現した、約十分の動画がYouTubeで公開された。

う意味でも、『清水次郎長伝』や『天保水滸伝』など侠客物を教えていただいている愛山先生には感謝してもしきれません。

講談界に受け継がれてきた侠客物をどう活かすか。これは、私に与えられた宿題なのだと思っています。

そして、このたび『天保水滸伝』の生みの親ともいえる「宝井琴凌」の名跡も復活します。宝井派の講談師である宝井梅湯《うめゆ》さんが、二〇二四年四月に真打昇進にあわせて四代目宝井琴凌を襲名することが発表されたのです。じつに八十八年ぶりの名跡復活だそうです。

さらに感謝すべきは、いま『天保水滸伝』にまつわる遺品や逸話を保存し、管理してくださっている方々の存在です。

この方たちは、私が『天保水滸伝』を読むことを、ぜったいに喜んでくれるはず。これは国定忠治の物語とは、少し違うところかもしれないですね。いまでも房総の東庄町へと足を運べば、『天保水滸伝』はこの地で生きていることがわかるのですから。

第二章に出てくる講談のあらすじ

『天保水滸伝』は、もうすぐ明治の世になろうかという天保年間（一八三〇年〜一八四四年）、下総国の侠客二人、笹川繁蔵と飯岡助五郎の実際にあった抗争を連続物とした物語。

当時、房総の地へ巡業に来ていた講談師の宝井琴凌が、この話を聞いて嘉永三年（一八五〇年）、講談に拵えあげたといわれる。笹川、飯岡双方の確執を縦軸にして、かかわる侠客たちの逸話や経歴、勇侠の行いなどを織り交ぜた侠客物の代表作。

笹川繁蔵は、もと江戸相撲で三枚目まで取ったが、横綱稲妻雷五郎とひと悶着あり相撲をやめ、生まれ故郷の下総国須賀山村へ戻り、博奕打になった男だ。めきめきと頭角を現し、笹川の貸元、十一屋の親分と言われるようになった。下総の侠客で十手持ちでもあった飯岡助五郎と反りが合わず、犬猿の仲となる。それに縄張り争いが絡み、やがて大抗争に発展した。

繁蔵の客人となって用心棒をしていた千葉《ちば》周作《しゅうさく》の高弟で、剣豪の平手造酒が、居酒屋で助五郎の子分たちを叩きのめす『鹿島の棒祭《ぼうまつ》り』、繁蔵が開いた花会（侠客が金を集めるために開く会合）に、助五郎は欠席し子分の洲崎政吉《すのさきのまさきち》が名代で出かけるが、預けられた祝儀はわずか五両、その時の繁蔵の男気ある計らいを描く『笹川の花会』、繁蔵と助五郎の利根の河原での大きな出入りの際、病を得て尼寺で臥せっていた平手造酒が駆けつけ、飯岡方を何人も斬り倒すも、取り囲まれ斬死絶命する『平手造酒の最期』、助五郎が子分の成田甚蔵《なりたのじんぞう》と三浦屋《みうらや》孫次郎《まごじろう》に繁蔵の闇討ちを命じ討ち果たした後の孫次郎の苦悩を読んだ『三浦屋孫次郎の義侠』など、全七席それぞれにドラマチックな読み物が並ぶ。

諏訪大神

千葉県香取郡東庄町笹川い580—1

JR成田線《笹川駅》より徒歩5分

平安時代、征夷大将軍《せいいたいしょうぐん》に任ぜられた坂上田村麻呂《さかのうえのたむらまろ》が蝦夷《えみし》征討の際、悪神退散を祈願して建てたのが始まりとされており、大同二年（八〇七年）に創建。祭神は、建御名方命《たけみなかたのみこと》・事代主《ことしろぬしの》命《みこと》・大国主命《おおくにぬしのみこと》。敷地五一五〇坪の境内には本殿、幣殿、拝殿、社務所、神楽殿が建ち並ぶ。

秋季例祭として、毎年七月に「笹川の相撲まつり」が行われる。笹川繁蔵が催して以来続いている年中行事で、山車《だし》が街中に繰り出し、境内にある土俵で素人相撲大会が開かれる。境内には天保十三年（一八四二年）に繁蔵が建立した相撲道の祖・野見宿禰命碑が残っている。『天保水滸伝』に出てくる「笹川の花会」は、諏訪大神の境内の修復と合わせて、この碑の建立と農民救済を名目に催された。

春の例祭である「笹川の神楽」は、千葉県無形民俗文化財に指定され、猿田彦大神《さるたひこのおおかみ》（天狗面）、乙女の舞（おかめ面）など十六面で構成されて神楽殿において奏される。

※諏訪大神は東国鎮護の神社として国司、武将などの崇敬篤く、源《みなもとの》頼朝《よりとも》なども改築や寄進に携わった。❶境内にある屋根付きの土俵で「笹川の相撲まつり」が開かれ、大相撲出羽海部屋の合宿もある。❷繁蔵が「笹川の花会」で建立した野見宿禰命碑。

天保水滸伝遺品館

千葉県香取郡東庄町笹川い580—1

JR成田線《笹川駅》より徒歩5分

諏訪大神の境内入り口にあり、『天保水滸伝』にまつわる文化財が数多く展示されている。酒癖の悪いエピソードが残る平手造酒愛用の徳利、自作の尺八、笹川繁蔵愛用のキセル、合羽、繁蔵子分の勢力富五郎《せいりきとみごろう》の短筒、手配人相書、兄弟盃など、当時の侠客の風俗を物語る遺品の宝庫で、『天保水滸伝』の物語を知る人にとっては興味の尽きない場所と言えよう。繁蔵愛用の刀は展示されて間もない昭和時代に盗難に遭い、現在も見つかっていないそう。

隣接する東庄町観光会館にも『天保水滸伝』にまつわるさまざまな資料が展示されている。何度となく映画化され、『座頭市』や『関の弥太《やた》ッペ』など関連作も多いが、それらのポスターや雑誌・新聞の記事などをアーカイブして公開している。また、東庄町において行われた浪曲、講談の公演のチラシ、記事なども展示している。

※お問い合わせ先　「東庄町観光協会」TEL: 0478-86-1111
詳しくは https://www.tohnosho-kanko.jp

❶これが平手造酒愛用の徳利。これに酒を入れていたのだろう。

延命寺

千葉県香取郡東庄町笹川い597

■成田線《笹川駅》より徒歩7分

大日如来を本尊とする鹿島大神宮別当寺として創建された真言宗寺。笹川繁蔵、勢力富五郎、用心棒の平手造酒の墓や碑が揃う。繁蔵の墓石を削る不届き者への対策として、繁蔵を偲ぶ会によりサイコロを象った「勝負石」が平成になって建てられ、パワースポットとなっている。

※お問い合わせ先　「東庄町観光協会」TEL: 0478-86-1111
詳しくは https://www.tohnosho-kanko.jp

十一屋

千葉県香取郡東庄町笹川い665

■JR成田線《笹川駅》より徒歩7分

「笹川の花会」が開かれた旅籠《はたご》・十一屋の屋号が今も東庄町に残っている。三十～四十年前までは料亭だったのだが、今は当主加瀬達郎氏の陶芸工房となっている。建物は建て替えられたが趣は残っており、場所も当時のままであり、往時を偲ぶことができる。

※現在、陶芸工房のご用以外の内部見学は受け付けていない。

第三章

*

『源平盛衰記』
壇ノ浦で死して生きる源氏と平家の物語

北九州で公演があった際、山口県下関の壇ノ浦まで足を延ばしてみました。言わずと知れた、源平合戦最終の舞台です。

関門海峡を渡り、車で国道を少し行くと、「みもすそ川公園」という海浜公園に辿りつきます。かつて合戦のあった海上を見渡せる位置にあるため、この公園が壇之浦古戦場跡とされているのです。

とても長閑《のどか》な場所でした。晴れた日で、海も穏やかです。

史跡として奥ゆかしいというか、いろいろとさりげない。ぽつんと置かれた源義経※1と平知盛※2の像がなければ、ここが戦場であったとはとても思えないでしょう。

平家茶屋という和食屋があって、ここの料理がまた美味しかった。

源平両雄の像以外にも、大砲のレプリカが鎮座していました。幕末、長州藩が攘夷《じょうい》のために列強の艦隊を迎え撃った大砲を模したものだそうです。

また、大戦中には米軍の機雷がこの海に落とされたこともあったようで、長い歴史のスパンで見ても、戦争というものに非常にゆかりのある海域なんです。

※1 源義経《みなもとのよしつね》
一一五九～一一八九年。鎌倉幕府初代将軍、源頼朝の異母弟。頼朝が平家打倒のため挙兵すると馳せ参じ、一ノ谷の戦い、屋島の戦い、壇ノ浦の戦いにおいて、武功を上げたが、頼朝と対立し自刃した。

※2 平知盛《たいらのとももり》
一一五二～一一八五年。平清盛の四男。一ノ谷の戦い、屋島の戦い、壇ノ浦の戦いにおいて、いずれも敗れ、壇ノ浦において安徳天皇の入水を見届けて、自らも海に沈んだ。一七四七年、人形浄瑠璃『義経千本桜《よしつねせんぼんざくら》』において、碇を体に巻きつけ海中に沈む演出が評判となり、歌舞伎でも人気演目となっている。

それでいて、いまは静かな波間を眺めていると、まさしく諸行無常という言葉が浮かびます。

周囲にもほとんどなにもないのですが、かつては近くに遊郭があったそうです。

ことの起こりとして、壇ノ浦で敗れた平家の女官たちが遊女に身をやつした、という言い伝えを地元の方が教えてくれました。

平家ゆかりの遊女以外の者がみもすそ川で洗濯をすると汚れが落ちない、という伝説も残っているそうです。

「今ぞ知る　みもすそ川の御《おん》ながれ　波の下にもみやこありとは」

みもすそ川の名は、清盛の妻で、壇ノ浦で自死した二位尼[※3]の辞世の句にも刻まれています。

『平家物語』のなかで、もっとも心が締めつけられる場面かもしれません。

「波の下にも都がございます」

そう言って、二位尼は孫に当たる幼い安徳天皇[※4]を抱いて、入水しま

※3　**二位尼《にいのあま》**
一一二六～一一八五年。平清盛の継室、平時子《たいらのときこ》のこと。知盛の実母。清盛の死後は平家の家長的存在として一門を支えた。壇ノ浦において安徳天皇と共に入水した。

※4　**安徳天皇《あんとくてんのう》**
一一七八～一一八五年。第八十一代天皇。歴代で最も短命、かつ戦乱で崩御したことが記録される唯一の天皇。高倉天皇の第一皇子。母は平清盛と平時子の娘の徳子（のちの建礼門院《けんれいもんいん》）。

す。私も小さい子どもの親として、自分に照らし合わせると、なんとも言えない心持ちになるのです。

下関では、いまでも安徳帝を偲ぶ「先帝祭[※5]」という祭事が行われているようです。

敗者を語り継ぐ

判官贔屓《ほうがんびいき》という言葉がありますが、壇ノ浦に来ると、自然と「敗者に寄り添う」「滅びゆくものを語り継ぐ」といったこの国の美意識について考えさせられます。

壇ノ浦に知盛と義経の像が並んでいるのも象徴的です。ここの戦では勝者となった義経もまた、まもなく鎌倉方から追われる身となり、討たれることを、のちの世を生きる私たちは知っています。

『平家物語』では、知盛の死に際の言葉も有名ですね。

「見るべきほどのことは見つ」

※5 先帝祭《せんていさい》
毎年五月二日〜四日の間、山口県下関市の赤間神宮《あかまじんぐう》で行われる祭礼。壇ノ浦の戦いの際に入水された安徳天皇の霊を慰めるために行われる。

このワンフレーズに、平家の隆盛、没落、そして平家の勇将として最期を迎える知盛自身——すべてが凝縮されています。

知盛にかぎらず、この時代の武士にとって、死に様はとても重要だったのでしょう。

無様に死ねば、後世の物笑いのタネになってしまう。裏を返せば、自分の名は死んで終わりではなく、死んでも生きるという感覚があったのだと思います。

現代の価値観では、いまある自分の命を大事にすることが最優先です。もちろんそれは正しいことだと思います。組織だとか、国だとか、イデオロギーだとか、そういったことは生きているうちには大事でも、死んでしまえば元も子もないのですから。

ただ、この国のいにしえの物語をひもとくと、自分の命を賭してでも守るべきものがあったり、命よりも大事な誇りを抱いている人物が登場する。善し悪しではなく、そういう人物たちの物語がいまだに語り継がれていたり、芸能のなかで演じられたりするのはどういうことなのだろう、とも思うんです。

先ほどの安徳帝の話にしても、見ようによっては、子どもを巻き込んでの無理心中と言えなくもない。

歌舞伎や浄瑠璃の古典作品には、主君への忠義のために自分の子どもの命を差し出す、という話すら出てきます。

子どもの命が尊いものであることは、いまも昔も変わらないでしょう。つくられた物語ではありますが、フィクションだからこそ、そこに込められた精神性みたいなものをより強く感じるのです。

人の命は大事です。ただ、ことさら意識するわけではないですが、古典芸能の世界に身を置く私は、私自身の人生を、自分が生まれる前や死んだあとのことまで含めた大きな流れのなかで捉えているフシがあるのもまた、事実なのです。

一方で、討った平敦盛[※6]が齢十七（数えで十六歳とする説もあり）の若さであったことに世の無常を感じて出家したと言われる、熊谷直実[※7]のような武将の話も残されています。

この熊谷の話は、講談では『源平盛衰記』の『青葉の笛』[※8]という読み

※6 平 敦盛《たいらのあつもり》
一一六九～一一八四年。平清盛の弟、経盛《つねもり》の末子。一一八四年、一ノ谷の戦いにおいて、騎馬で海上の平家方の船に逃げようとしていた若武者・敦盛は、源氏方の武将、熊谷直実に呼び止められ、格闘の末、首を取られた。

※7 熊谷直実《くまがいなおざね》
一一四一～一二〇八年（諸説あり）。元は平家に仕えていたが、源頼朝に臣従し御家人となる。のちに出家し、法力房蓮生《ほうりきぼうれんせい》を名乗る。

※8 『青葉《あおば》の笛《ふえ》』
一ノ谷の戦いで、熊谷直実に討ち取られる平敦盛の最期を読む、連続物『源平盛衰記』の中の一席。

物になっています。私の師匠、神田松鯉も、ときどき寄席などでもかけておりました。

私自身、師匠からこの『青葉の笛』に加え、『源平盛衰記』から『扇の的』※9『箙の梅』※10を教わっています。『源平盛衰記』にはほかにも面白い読み物があるとは思うんですが、実際、いま講談として現役で読まれるのは、この三席ぐらいではないかと思います。

二ツ目時代、『扇の的』はよく高座にかけました。とくに寄席やテレビなど、短い尺でお客さまをつかむ必要があるときには重宝しました。屋島の戦いで、平家方の扇を那須与一《なすのよいち》が弓で射落とすという話です。まず、矢が当たるか当たらないか、というフックが誰にでもわかりやすい。また、この戦はまだ鉄砲の伝来前なので、読む際には少し雅というか、格調や優美さが大事だということも言われるんですが、そこは割り切って、早い口調で動きも多めにして、ワーワーとやることで、エンターテインメント的に仕上げました。

この戦略は我ながらうまくいったと思います。

ただ、それもこれも若さあってのこと。年齢やキャリアとともに、雅

※9 **『扇《おうぎ》の的《まと》』**
62ページ参照。

※10 **『箙《えびら》の梅《うめ》』**
『源平盛衰記』の中の一席で、一ノ谷の戦いの、生田の森での攻防を読んだ一席。源氏方の武将、梶原源太《かじわらげんた》景季《かげすえ》が平家の軍勢に囲まれる最中、美しく咲く梅の一枝を、箙（矢を挿し入れる箱）に挿し戦った。その風流心に敵味方問わず感じ入った。

な戦に見合った口調にシフトしていく必要はあるでしょう。

ここから私の『扇の的』がどう変わっていくか、自分でも楽しみです。

目指すべき美文調

ほかの方がやる『扇の的』もいろいろと聴いてみました。

落語家の春風亭小朝※11師匠がとても美しくやられていますね。もともと地噺《じばなし》も得意としておられる小朝師匠らしい落語になっていました。

立川談志※12師匠も、生前、息子の松岡慎太郎さんに「落語を一席しかできないとしたらなんのネタをやる?」と聞かれて、「『源平（盛衰記）』かな」と答えたことがあったそうです。談志師匠がまだ二ツ目の小ゑん時代に、名前を売ったネタでもあるんですね。先の林家三平※13師匠に教わって、すぐ覚えてしまったというエピソードもよく知られています。

談志師匠の『源平盛衰記』は、本来の筋から脱線して、現代のトピックを入れたり、かと思えばまた本筋に戻ったり、その繰り返しが特にリズミカルで融通《ゆうずう》無碍《むげ》です。ドラマや語り口の面白さがある上に、オリジ

※11 **春風亭小朝**《しゅんぷうていこあさ》
一九五五年～。落語家。一九七〇年、五代目春風亭柳朝《りゅうちょう》に入門。一九八〇年、三十六人抜きで真打昇進。テレビのバラエティー番組などへの出演で幅広い世代に人気がある。俳優としても活躍している。

※12 **立川談志**《たてかわだんし》
一九三六～二〇一一年。落語家。一九五二年、五代目柳家小さんに入門。一九六三年、真打昇進、立川談志を襲名。一九六六年、自ら企画したテレビ番組『笑点』がスタート、初代司会を務める。一九八三年、落語協会を脱会し、「落語立川流」を創設し家元となる。

※13 **初代 林家三平**《はやしやさんぺい》
一九二五～一九八〇年。落語家。父、七代目林家正蔵《はやしやしょうぞう》に入門。一九五八年、真打昇進。テレビが生んだ最初のお笑いブームの中心的存在であり「爆笑王」と呼ばれていた。

ナリティも自由に込めることができる。たしかに「一席だけ」と言われれば、このネタを選ぶというのもわからなくないですね。

ほかにも、先の桂文治[※14]師匠やいまの文治[※15]師匠も『源平盛衰記』をやられます。皆さん、これまた面白い。

落語の場合は、言ってみれば、講談のパロディでもあるんですよね。同時に、それだけ源平合戦というのが、メジャーな元ネタだということも言えると思います。誰もが知っているからこそ、いくらパロディにしても、脱線してもかまわないという。

何年か前に、林望[※16]さんにご自身が訳した『謹訳　平家物語』を送っていただきました。

これが、原文のリズムを活かしながら、いまの人にもたいへん読みやすい現代語訳なんです。格調高いところと、くだけている部分とのバランスがよくて、講談として読むのにも具合がいいなと思いました。実際、いただいたお手紙にも「よければ講談でも」と書いてくださっていたんです。そのときは忙しかったので、「いつか機会があれば――」ぐ

※14　十代目桂文治《かつらぶんじ》
一九二四～二〇〇四年。落語家。一九四六年、桂小文治《こぶんじ》に入門。一九五八年、真打昇進。一九七九年、十代目桂文治を襲名。江戸言葉に強いこだわりを持ち、日常生活も着物姿で通した。

※15　十一代目桂文治《かつらぶんじ》
一九六七年～。落語家。一九八六年、十代目桂文治に入門。一九九九年、真打昇進。二〇一二年、十一代目桂文治を襲名。師匠と同じく、普段から着物で活動している。

※16　林望《はやしのぞむ》
一九四九年～。作家。イギリスの食文化を描いたエッセイ『イギリスはおいしい』で作家デビュー。二〇一三年、『謹訳　源氏物語』（全十巻）で現代語訳に取り組み、第六十七回毎日出版文化賞特別賞を受賞。

らいに思っていましたが、今回、壇ノ浦に行ってみたことであらためてその可能性について考えてみました。

かつて私の大師匠、二代目神田山陽が長大な『曽我物語』をコンパクトに編集して読んでいますが、同じようなやり方で、『平家物語』や『源平盛衰記』もできそうな気がするんです。

「祇園精舎の鐘の声　諸行無常の響きあり」

あの有名な一節から始めて、たかまでをマクラで振っておき、あとはその平氏が沈んでいく過程を『扇の的』や『青葉の笛』なども名場面として絡めながら読んでいく。最終的に壇ノ浦で平氏が滅亡するまでの流れを、一時間から一時間半程度にまとめることができそうな気がします。

合戦の模様などは修羅場調子[※17]で読むことができるでしょう。私としても、いまは会話を主体にして読み物を組み立てることが多いですが、目指す講談のかたちとして、ここからはト書き[※18]の美文調も磨き上げていきたいと思っております。ですから、そういう意味でも、向いている読み物になるかもしれません。

※17　**修羅場調子《ひらばちょうし》**
軍談における合戦部分を読む時、独特の勢いよく朗々とリズミカルに読む語調。「しゅらばぢょうし」とも読む。

※18　**ト書き《とが》**
台本に書かれた、セリフ以外の、登場人物の動きや心情を指示する文章。

もっとも、師匠の松鯉がいてくれるうちは、一席でも多く読み物を教わるというのが私の責務であり、至上命題でもありますから、いますぐにということではありませんが。

ただ、そのときがきたら、おそらく自然に『平家物語』がやりたくなるのではないかと思います。

ある講談師の最期

以前、オペラ版との共演というかたちで『耳なし芳一』[※19]を読んだことがあります。

芳一はまさに壇ノ浦の段を得意とする琵琶法師だったわけですから、思えばこれも源平ものの読み物なんですね。イベントでは、内容にあわせて、『青葉の笛』の要素も盛り込みつつ、よりドラマチックな読み物に仕立てました。

二〇一七年に亡くなった先輩講談師、神田紅葉[※20]先生の『耳なし芳一』もたいへん印象に残っています。

※19 『耳《みみ》なし芳一《ほういち》』
壇ノ浦近くの阿弥陀寺《あみだでら》（のちの赤間神宮）にいた芳一という名の盲人は琵琶の名手。ある夜、芳一がひとりでいると、武者らしき男が来て、立派な屋敷に集まった大勢の高貴な人々の前で平家物語の壇ノ浦の段を弾いて語らせた。毎晩出かける芳一を怪しんで和尚が見に行かせた寺男が見た光景は、墓の前で弾き語る芳一の姿だった。

※20 神田《かんだ》紅葉《もみじ》
一九五〇～二〇一七年。講談師。専業主婦であったが、四十九歳の時、神田紅の講談教室に通い始め、二〇〇一年、神田紅に五十歳で入門。二〇一六年、戦後最年長の六十五歳で真打昇進を果たす。翌年、胆嚢ガンのため逝去。

入門が五十歳の頃と遅かった紅葉姉さんは、六十五歳で真打に昇進しますが、その直前に末期ガンが見つかってしまったんです。それでも、昇進披露の場においても体調が悪いことはおくびにも出さず、明るく朗らかに最後まで高座に上がり続けました。私たち後輩にも、「あなたたちは講釈が読めて幸せだね。これからもがんばってね」というメッセージを伝えてくれました。

その紅葉姉さんが、真打昇進の翌年、亡くなる二ヵ月前に『耳なし芳一』を読んだのです。

このときの高座の映像が、その会の公式YouTubeに残っています。出囃子に乗せて出てくるのも車イスの介助付きですから、体調的にもギリギリなのが伝わってきます。しかし、いざ講談が始まれば、いっさいの淀みもなく、朗々と読み切ったのです。けして弱音を吐かない、という講談師としての美学すら感じました。

私のなかで、いまは穏やかな壇ノ浦の海が、紅葉姉さんのあの高座姿に重なるのです。

第三章に出てくる講談のあらすじ

平安時代末期、権勢を誇っていた平家を源氏が滅ぼした。その様子を描いた古典の『平家物語』と並んで有名な作品が『源平盛衰記』である。二条天皇の治世である応保年間（一一六一年～一一六三年）から、安徳天皇の寿永年間（一一八二年～一一八四年）までの約二十年に及ぶ平家と源氏の興亡を描く。

伯山が本章で訪れた壇ノ浦は、クライマックスの平家滅亡の地であり、ここで幼い安徳天皇は祖母である二位尼（平時子）に抱かれて入水し、崩御したとされる。

『源平盛衰記』の中で、伯山はいくつか持っている読み物があるが、中でも師匠・神田松鯉が得意とする『扇の的』は、伯山にとっても大事な読み物のひとつ。

『扇の的』では、強大な権力を持っていた平家が、源氏との戦いに次々に敗れ凋落し、西へと追い詰められていく。元暦《げんりゃく》二年（一一八五年）二月二十日、平家方は屋島の沖に船で、源氏方は陸地に陣を張って対峙した。沖から飾り立てた船が一艘やってきて、玉虫御前という美しい女房が、紅地に金の日輪が描かれた扇を棹にはさみ、これを射てみよ、と手招きしている。当て損なえば笑いものになり、誤って扇の日輪に当てれば、それは朝廷に弓を引いたことになる。

源氏の大将・源義経は、弓矢の名手・那須与一という十六歳の若武者に、扇を射落とすように命じる。風も強く波も高い。与一は馬と共に海に入り駒立岩まで馬を進めると、神に祈る。すると、風も波も収まり、与一はここぞと、そこから矢を放ち、見事、扇の要を貫いたのだった。

みもすそ川公園（壇之浦古戦場跡）

山口県下関市みもすそ川町1番

JR《下関駅》よりバスで約15分《御裳川》下車すぐ

平安時代末期の元暦二年（一一八五年）、源氏と平家の最後の戦い「壇ノ浦の戦い」が行われた関門海峡のもっとも狭まった箇所で「早鞆《はやとも》の瀬戸」と呼ばれる潮の流れのはやい難所が眼前に広がる公園。現在は、遊歩道が整備されている。

安徳天皇の祖母で平清盛の正室である二位尼の辞世の句「今ぞ知る　みもすそ川の御ながれ　波の下にもみやこありとは」にちなんだ地名といわれる。

壇ノ浦の戦いは、『平家物語』によると両軍約四千艘の軍船によって繰り広げられたという。序盤は平家が優勢だったが、潮流が変わり接近戦になると戦況は逆転し、平家は敗れ滅亡した。貴族社会から武家社会への時代の転換点ともなった。

二位尼に抱かれて入水した八歳の安徳天皇を祀る赤間神宮は、公園から海沿いをおよそ1㎞ほど西に行ったあたりにある。江戸時代までは、安徳天皇御影堂といい仏式で祀られていた。平家一門を祀る七盛塚があり、御影堂のあった阿弥陀寺は、『耳なし芳一』の舞台としても有名である。

※お問い合わせ先　「下関市公園緑地課」TEL: 083-231-1933

❶平知盛像。歌舞伎『義経千本桜』の有名な場面、碇を持ち上げる知盛の姿。❷源義経像。有名な「八艘飛び」のシーンを像にしている。

❶

❷

第四章

*

『出世の春駒』愛宕神社の石段数とリアリティ

東京都港区、芝にある愛宕山《あたごやま》。こちら、自然の山としては、東京二十三区内で最も高い標高なんだそうです。海抜約二十六メートル。かつてその山頂からは、江戸の街並みとその向こうに広がる江戸湾、さらには奥に房総半島までを一望できたと言われております。

山頂の愛宕神社に至る正面からのアプローチには「男坂」と「女坂」と呼ばれるふたつのルートがあります。どちらも石段でできた坂です。男坂のほうは四十度近い急勾配で、この石段を登ると出世開運の御利益があると言われております。由来となった故事が、『寛永三馬術《かんえいさんばじゅつ》』という読み物のなかの一席となっています。

三代将軍徳川家光が、父である二代将軍秀忠の命日に増上寺[※1]に参拝した帰り途のこと、愛宕山の頂きから梅の香りが漂ってきます。「だれか山頂まで馬で石段を駆け上り、梅花《ばいか》を折りとってくる者はいないか」と、家光が家臣に命じます。何人かが挑戦し、失敗したあとに名乗りを上げたのが、丸亀藩（現在の香川県）の馬術指南役・曲垣平九郎《まがきへいくろう》。名人である曲垣は見事これに成功し、家光から褒美を賜り、たいそう名を上げたという――。

※1　増上寺《ぞうじょうじ》
浄土宗の七大本山のひとつ。浄土宗正統根本念仏道場として創建。関東における浄土宗教学の殿堂として宗門の発展に寄与してきた。十七世紀中頃は百二十以上の堂宇《どうう》（四方に張り出した屋根を持つ建物）、百を越える学寮（僧を寄宿させて修学させる場所）が屋根を並べる広大な寺院だった。三千人以上の学僧がいたという。また、徳川家の霊廟があり、六人の将軍が葬られている。

演題としては、『出世の春駒』『出世の石段』『梅花の誉』などと講談師によって異なる場合がありますが、内容は基本的にどれも同じです。

私が監修した絵本では、子どもにもわかりやすいように、題名を『曲垣平九郎　出世の石段』としました。私自身が高座で読むときは『出世の春駒』としています。寄席でかけることもありますので、「春駒」という単語が入っていたほうが、馬の出てくる話であることが楽屋内でも伝わりやすいだろうと。

まあ、それぐらいタイトルというものは自由なんです。

よいウソと悪いウソ

愛宕神社の出世の石段、初めて登ったのは大学生の頃だったでしょうか。史跡もいろいろありますが、「急な坂」と言われても、なかなかピンとこないですよね。でも、実際に自分の足で登ってみて、これほどリアリティを感じる場所もないと思います。おそらく事前にイメージした何倍も急勾配ですから。

体感としては、「壁」ですね。それぐらいの圧があります。同じ『出世の春駒』を聴いても、この石段を自分の足で登ってみたことがあるかどうかで、受ける印象がずいぶん変わってくると思います。

この読み物、もともとは短い話だったのを、二代目大島伯鶴[※2]が、手に汗握る展開あり、滑稽味あり、という現在の形に整えたと言われています。

また、その際に伯鶴先生は石段の数を「百八十六段」にしたんですが、実際には「八十六段」です。つまり、石段の数を「百」増やしたのですね。

登ってみれば、八十六段でも十分に険しいということがわかっていただけると思います。それでも、講談で読む際には百八十六段としたほうが相応《ふさわ》しい、という伯鶴先生の判断を私は支持します。

現実をそのまま写し取ればリアル、というわけではない。「講談リアリティ」とでも言うべき工夫が、そこにはあると思うのです。

その一方で、現在、ほとんどの講談師がこの一席を読む際に、冒頭の日付を「寛永十一年正月の二十八日」としています。しかし、私の師匠

※2 **二代目大島伯鶴《おおしまはっかく》**
一八七七〜一九四六年。講談師。初代大島伯鶴を父に持つ。十三歳の時、旭堂南慶《きょくどうなんけい》に預けられ、一九一一年、二代目大島伯鶴を襲名。独特のくすぐり（笑いの要素）は大衆に愛され、ラジオなどで人気があった。

が調べたところ、秀忠の命日は「一月二十四日」なのです。

では、なぜ「一月二十八日」なのか。なにか理由があるのかもしれないと思って、『寛永三馬術』を得意とされているある講談師の先生に尋ねてみたところ、「え！　本当は二十四日なの？　だったら、自分も今度から二十四日にしよう」とおっしゃっていました。

そのとき思ったのは、意外と皆さん裏をとらないんだな、ということです。そのへんの緩さが講談師のよさともいえるのですが。

とはいえ、これも常々、私の師匠が言っていることですが、講談においては日付のようなディテールを大事にするべきです。

ウソにも、よいウソと悪いウソがあって、八十六段を百八十六段にするのはよいウソ。でも、一月二十四日を一月二十八日としてしまうのは悪いウソではないかと。さらに言えば、「百八十六段」という大きなウソをつくためにも、一月二十四日というディテールを押さえておくことが重要だと思うんです。

それに百八十六段については、「本当は百を足しているんですよ。そのほうがすごさがより伝わりますからね」とお客さまにネタばらしをしたとしても、エピソードとして面白い気がします。

石段を登った三人

そもそも、本当に曲垣平九郎は石段を馬で登ることができたのでしょうか。

にわかには信じがたい険しい坂ではありますが、やはり実際に成功したのだと思います。

というのも、その後も曲垣にならって同じ挑戦をした人たちがいるのです。しかも、明治、大正、昭和と、それぞれの時代ごとに成功者の記録が残っています。

明治には、仙台藩の馬術指南役で、御一新（明治維新のこと）後は曲馬師となっていた石川清馬《いしかわせいま》。この人が明治十五年（一八八二年）に馬での登頂に成功しています。

大正には、日本陸軍参謀本部の馬丁だった岩木利夫《いわきとしお》が成功していま す。面白いのは、いま愛宕神社の隣りにはＮＨＫの放送博物館があるんですが、もともとその場所にはNHKの前身である東京放送局があったんですね。そこで大正十四年（一九二五年）に、日本初の試みとしてラジオで生中継されたのが、この挑戦企画だったそうです。

昭和に入ると、昭和五十七年（一九八二年）にスタントマンの渡辺《わたなべ》隆馬《りゅうま》という人が成功しています。その名も『史実に挑戦』というテレビ特番の企画だったそうです。

ネットで調べると、これは命綱をつけてのチャレンジだったと書いてありました。

番組収録時に事故があれば一大事ですから、命綱をつけるのも当然のことです。ただ、過去の成功例と比べてしまうと、少し重みが違うなと思ってしまったのも事実。でも、これ、愛宕神社の方に聞くと、どうも真相は少し異なるようでして——。

たしかに最初は命綱をつけていたそうなんです。ただ、いざ登るときになって、馬がいっきに駆けだした。命綱が突っ張りそうになったので、これを途中で外したというのです。

その話を聞いて、私は震えましたね。

やっぱりどこかで覚悟を決めないと、登れない坂なのだと思います。実際に登っていただければわかりますが、あそこで転げ落ちて、無事でいられるわけがないですから。

私の講談でも、曲垣の前に三人の挑戦者が失敗して、大ケガをしたことになっていますが、じつはこれ、もとの台本では三人とも死んでしまうんです。ただ、死人が出たとなると現代のお客さまは少し引いてしまいますよね。いくら滑稽味のある読み物でも心から笑えなくなってしまうといいますか。そういったわけで、「大ケガをした」という表現にとどめているのです。

講談と実況のコラボ

以前、実況アナウンサーの清野茂樹[※3]さんからお誘いを受けて、講談と実況でコラボレーションをするという実験的な公演をやったことがあります。

このコラボの読み物として、『出世の春駒』を選びました。

※3　清野《きよの》茂樹《しげき》
一九七三年～。実況アナウンサー。一九九六年、広島エフエム放送に入社。二〇〇六年、独立し、プロレス、格闘技実況の道に。二〇一五年、新日本プロレス、WWE、UFCという世界三大メジャー団体の実況を史上初めて達成した。

さらにさかのぼること数年前、赤穂義士の討ち入りの再現映像を実況アナの第一人者でもある古舘伊知郎[※4]さんが実況するというテレビ番組（『古舘トーキングヒストリー〜忠臣蔵、吉良邸討ち入り完全実況〜』）がありまして、それを見たときに、実況と講談は親和性があるということを実感してはいました。

ただ、そのときは忠臣蔵という、視聴者にとっても比較的メジャーな題材だったわけです。では、『出世の春駒』のような、お客さまにとって前提知識のない読み物でやってみた場合はどうなのだろうという興味も、私のなかに少しありました。

一度、私がお客さまの前で『出世の春駒』を読んで、あらすじを頭に入れていただき、その上で、今度は清野さんの実況と私の講談とで交互に『出世の春駒』を読んでいくという趣向です。

お互いにどの箇所を読むかは事前に決めておらず、リハーサルもしませんでしたので、ぶっつけ本番の一発勝負です。これが想像以上に手応えのある内容となり、お客さまにも喜んでいただけたようでした。

清野さんがとても器用で、盛り上げ上手だというのもありますが、あ

※4　**古《ふる》舘《たち》伊《い》知《ち》郎《ろう》**
九五四年〜。フリーアナウンサー。九七七年、テレビ朝日にアナウンサーとして入社。新日本プロレスの中継番組『ワールドプロレスリング』担当となり、「過激実況」と呼ばれる独特なフレーズの数々を繰り出した。フリーになってからニュース番組『報道ステーション』のメインキャスターを十二年間務めた。

る目標に向かっていくパターンの講談は、実況と相性がいい、ということを改めて思いました。

それこそ古舘さんが『SASUKE』や『筋肉番付』[※5]のような番組で実況をしますよね。「いまモンスターボックス[※6]が目の前に現れました」みたいな。ああいう見立てを、愛宕山の石段においても清野さんが取り入れることで、『出世の春駒』にはいまで言うチャレンジ系コンテンツに通じるようなところもある、という視点を得られた気がします。

イベントでは、清野さんは、もともとある講談の台本からどこまで崩していいか、ということも考えておられたと思うんです。

極端に言えば、曲垣平九郎が頂上まで登れなかった、というところまで崩すことだって可能なわけです。でも、そこまでは崩さない。客席にはプロレスファンの方も多かったので、プロレスネタを入れれば盛り上がるのもわかる。だけど大局的に見て、そちらにも流れすぎないようにする。そういった線引きやサジ加減に、清野さんの美学のようなものを感じました。

たとえば落語家でも、古典を崩してしゃべって、ウケている人がいま

※5 『SASUKE』『筋肉番付』
いずれもTBSテレビ系のスポーツ・エンターテインメント番組。いずれも、古舘伊知郎が競技の一部を実況していた。

※6 モンスターボックス
TBSテレビの番組『スポーツマンNo.1決定戦』などで巨大跳び箱を飛び越える競技。

※7 『勧進帳《かんじんちょう》』〈75ページ〉
七世市川團十郎が制定した歌舞伎十八番の中でも、特に人気のある演目。兄・源頼朝と仲違いし追われることになった義経一行が安宅《あたか》の関で、関守の富樫左衛門《とがしさえもん》に呼び止められ、切り抜けるために義経の家来・弁慶が立ち向かう。

す。

お客さまに受け入れられているのならば、それはそれでいいのかもしれないですが、その崩し方が噺の本質からズレてしまっていても、それをよしとするのかどうか。もしそれではマズいという考えを持つのであれば、では、落語の本質を見極めた上で、どこまでなら崩していいのか。こういった線引きについては、個々の演者のセンスが問われると思います。

あるいは、歌舞伎などでも、崩していい演目はあれど、『勧進帳』※7は一言一句崩さずにやるべきであると、いまは亡き十八世中村勘三郎※8さんがおっしゃっていました。その見極めにセンスの善し悪しが出るのは、どのジャンルにも言えることだと思います。

講談にも、時代によって変わる要素も大いにありますが、『鉢の木』※9のように型を崩さないほうがいい、という読み物もあります。

その一方で、一言一句教わったままやるだけでは、現代では通用しないというケースもある。

するとやはり、どこまでなら崩していいのかという問題に突き当たり

※8 **十八世中村勘三郎《なかむらかんざぶろう》**
九五五〜二〇一二年。歌舞伎役者。九五九年、初舞台で五代目中村勘九郎を襲名。舞台、映画、テレビなどでも活躍。「コクーン歌舞伎」や「平成中村座」など新しい形態の歌舞伎の中心となり、多くの幅広いファンを獲得し歌舞伎界の発展に寄与した。

※9 **『鉢《はち》の木《き》』**
元は能の謡曲。鎌倉幕府五代執権の北条時頼《ほうじょうときより》は出家し、諸国行脚の旅に出た。下野国（現在の栃木県）で佐野源左衛門《さのげんざえもん》という人物の評判を聞き、彼の住む雪の降る山中に赴く。時頼は素性を隠し旅の僧として一夜の宿を請い願う。源左衛門は薪がなくなると、大事にしていた盆栽を切って炉にくべて僧に暖をとらせた。

ます。

このことを考えるときに、「百八十六段」という講談リアリティが教えてくれるものは大きいと思います。

一見、センスというのは感覚的な言い方ではありますが、センスこそが絶対的な線引きを可能にするともいえるのです。

それこそ古舘伊知郎さんの名人芸ともいえる実況は、巧みにウンチクを織り込みます。

「何年何月その日の天気は――」

「そこ行く侍の出立《いでたち》は――」

具体的なディテールを積み重ねていくことで、最終的には大きなウソが可能となります。この繊細さと大ボラとの振れ幅にこそ、講談の魅力が詰まっているように思えるのです。

奉納
大久保鉱業　社長　勲四等　大久保一佐

第四章に出てくる講談のあらすじ

『出世の春駒』は、『寛永三馬術』という連続物の中の演目で、『梅花の誉』『出世の石段』という演題を使う講談師もいる。『寛永三馬術』は曲垣平九郎、向井蔵人《むかいくらんど》、筑紫市兵《つくしいちべ》衛《え》の三名の馬術の名人が主人公であるが、この演目はその発端の部分にあたり、曲垣平九郎の活躍を描いている。

寛永十一年（一六三四年）、三代将軍・徳川家光公が父・秀忠の菩提を弔うため、大勢の旗本を引き連れて、芝・増上寺に参詣した。その帰路のこと、愛宕山まで差し掛かると山上に咲く紅白の梅の花から香りが漂ってきた。家光は梅の枝を手折ってまいれ、と命じ、しかも、愛宕神社の急勾配の百八十六段ある石段を馬に乗って取ってこい、とのこと。旗本たちの中から三名の馬術指南役が選ばれ、石段を馬で駆け上がるもいずれも失敗し馬も人も命を落とす。

日も傾き帰城となると少しして、「しばらく」と止める声。声の主は、丸亀藩生駒家の家臣、曲垣平九郎盛澄。彼が乗る馬は痩せ衰えた駄馬のようにしか見えず、その馬で平九郎は石段を駆け上がる。七合目でピタリと止まるが平九郎は馬を優しくなだめ、見事、頂上へと到達する。梅の枝を手折ると襟に差し、今度は登るより難しい下りの石段も見事、馬で降りきった。

家光公に梅枝を献上すると、家光公から日の本一の馬術の名人と讃えられ、刀を一振り与えられた。

伯山は、『寛永三馬術』では、この『出世の春駒』と、平九郎の弟子になりたくて筑後の柳川からやってきたという男とのエピソードを描いた『曲垣と度々平』を読み物として持っている。

愛宕神社

東京都港区愛宕1—5—3

東京メトロ日比谷線《虎ノ門ヒルズ駅》より徒歩5分、《神谷町駅》より徒歩5分

愛宕神社は東京二十三区内で、自然の山として一番高い愛宕山の山頂にある。標高は二五・七m、江戸時代には見晴らしの名所として、見物客で賑わったそう。山頂からは房総半島まで見渡すことができたと言われる。慶長八年（一六〇三年）、徳川家康の命により防火の神様として創建された。

神社へと上がる男坂の急な石段は八十六段あり、曲垣平九郎の故事に因んで「出世の石段」と呼ばれている。毎日、多くの人が平九郎の出世にあやかろうと石段を登って参拝に訪れる。隔年の九月には「出世の石段祭」が開かれ、提灯をつけた神輿が石段を行き来する勇壮な行事となっている。（コロナのため休止中）

また、平九郎が将軍・家光の命によって手折った梅の二代目にあたる「将軍梅」が今も拝殿前の左手の境内にある。そして、社殿内には平九郎や大正時代に馬で石段を登った日本陸軍参謀本部馬丁の岩木利夫氏の勇壮な姿が描かれた絵が奉納されているのを見ることができる。

※詳しくは https://www.atago-jinja.com

❶平九郎が手折った「将軍梅」。古木で、二代目になるそう。

❶

第五章
＊
『四谷怪談』お岩さまと伊右衛門夫婦のフィクション性

講談師は、夏になると怪談を読む機会が格段に増えます。

ひとくちに怪談と言いましてもいろいろありますが、とくに有名なのが『四谷《よつや》怪談《かいだん》』です。

演芸好きには有名な『怪談牡丹灯籠』[※1]や『怪談乳房榎』[※2]なども、お岩さまの知名度にはかないません。ですから、講談に馴染みのないお客さまが多い地方公演などでも、『四谷怪談』は重宝します。まさに、お岩さまさまというわけです。

このことは講談にかぎらず、演芸全般、映画、ドラマ、舞台その他、どんなジャンルにも言えるようでして、そのぶん、『四谷怪談』に関わる作品においては、お岩さまへのお参りを欠かすべきではないとされています。

私も講談ではメジャーな『お岩誕生』という読み物を持っておりまして、毎年シーズンになりますと、お岩さまが祀られている新宿区の四谷左門町の於岩稲荷《おいわいなり》田宮神社《たみやじんじゃ》でご祈禱をしていただきます。

四谷三丁目の交差点から大通りを少し入った閑静な路地に、昔ながらの簡素な社がひっそりとあります。たいてい拝殿には、さまざまな興行

※1 **『怪談牡丹灯籠《かいだんぼたんどうろう》』**
落語家・三遊亭圓朝《さんゆうていえんちょう》が作った落語の怪談噺。一八九二年、三世河竹新七《かわたけしんしち》により歌舞伎化。幽霊の恋路を描いた、恐怖を前面に出した怪談とは一味違う作品で、『四谷怪談』『番町皿屋敷』とともに「日本三大怪談」と称せられる。

※2 **『怪談乳房榎《かいだんちぶさのえのき》』**
三遊亭圓朝が創作した怪談噺。絵師・菱川重信《ひしかわしげのぶ》の弟子、磯貝浪江《いそがいなみえ》は、重信の妻・おきせを寝取り、おきせを自分のものにしようと、重信を殺害する。重信の幽霊が現れ物語が結末に動いていく。

会社や俳優やスタッフの名前などが記された奉納酒がずらっと並んでいます。

於岩稲荷田宮神社では、御年九十を超える禰宜《ねぎ》さんがいつも応対してくださいます。禰宜というのは神職の位のひとつで、すでに息子さんに宮司を譲られているので、いまは禰宜ということになるんだそうです。

この禰宜さんは田宮家に婿養子として入った方で、夫人がお岩さまの子孫にあたります。この方がご高齢にもかかわらず、いつもかくしゃくとしておられます。神田派一門としても古くからお世話になっており、私の大師匠にあたる二代目神田山陽のことなどもよくご存じです。

貞女がお化けになるまで

これは有名な話でもあり、かつ禰宜さんからも直接伺ったことですが、じつは徳川家の御家人・田宮家の娘であったお岩と、夫の伊右衛門とは、仲睦まじい夫婦だったそうなんです。

しかも、お岩は当時、困窮していた田宮家をやりくり上手で再興した賢妻でもあり、お岩が屋敷にあった伏見稲荷を信仰していたことから、これがのちに「お岩稲荷」と呼ばれて、後世、町人たちの信仰の対象になったと言われています。このお岩稲荷があったのが、いまの於岩稲荷田宮神社というわけです。

では、なぜ、どのようなタイミングで、お岩は、現在のようにお化けや怨霊として有名になってしまったのでしょうか。

これはお岩の死後二百年近くたってからのこと、歌舞伎で『東海道四谷怪談』がつくられたのが直接の原因とされています。

作者は、高名な四世鶴屋南北[※3]です。

南北は、お岩信仰のほか、当時の事件や世相なども取り込み、さらには忠臣蔵の世界も綯《な》い交《ま》ぜにして『東海道四谷怪談』を生み出しました。

このとき、お岩夫婦について、助け合いお家を守り立てたのとはまったく逆のイメージが、フィクションとして与えられてしまったのです。

しかも、禰宜さんの話によれば、歌舞伎の初演後、「町方書上《まちかたかきあげ》」という当時の公文書にも、於岩稲荷の由来として、劇中で描かれたお岩夫婦にまつわる事件があたかも実際にあったかのように書き加えられたとの

※3 **四世鶴屋南北**《つるやなんぼく》 一七五五～一八二九年。狂言作者。一八〇四年、『天竺徳兵衛韓噺《てんじくとくべえいこくばなし》』が大当たりをとった。『東海道四谷怪談』『盟三五大切《かみかけてさんごたいせつ》』『桜姫東文章《さくらひめあずまぶんしょう》』『於染久松色読販《おそめひさまつうきなのよみうり》』など、今でも上演される演目を数多く作り、「大南北」と呼ばれる。

こと。評論家の郡司正勝※4氏などは、これも鶴屋南北の仕業ではないかと推理しているそうです。

二十年以上前、魔女伝説を調べていた学生たちが森で消息を絶ち、残されたビデオがそのまま劇場で流されるという触れ込みの『ブレア・ウィッチ・プロジェクト』という映画がありました。そのテープが本物であれば、上映などできるはずもないのですが、あたかも実際にそんな事件があったかのように思わせるリアリティで話題を呼びました。もし、お岩に関する公文書も南北の仕掛けであったとすれば、こうした話題づくりの方法を百数十年も先駆けていたことになります。

なにより歌舞伎の『東海道四谷怪談』は大当たりしました。そのことで、於岩稲荷田宮神社へとお参りする人も、たいへんに増えたといいます。

於岩稲荷田宮神社の筋向かいには陽運寺《よううんじ》というお寺がいまでもあり、こちらも「於岩稲荷」ゆかりの看板や提灯を掲げています。

ですが、この陽運寺、田宮神社とは関係がなく、平たく言えば、『東

※4　**郡司正勝**《ぐんじまさかつ》
一九一三～一九九八年。国文学者、演劇評論家。早稲田大学名誉教授。歌舞伎の研究家として多くの著作を残す。歌舞伎『桜姫東文章』の補《ほ》綴《てつ》・演出など歌舞伎復活上演にも尽力。

海道四谷怪談』の人気に便乗したのです。

むしろそれゆえでしょうか、お土産や団子なども洗練されているし、境内も非常に整備されている。こういう現象はとても面白いと思います。

もちろんお岩さまの聖地としてどちらが本物であるか、ということは、広く周知されておくべきでしょう。その上で、両方あるというのがいいではないですか。

本物の聖地は渋みの利いた簡素な感じで、もう一方は、こぎれいなテーマパークとして存在し続ける。このような並列であれば、意味があるなと。

このことは『四谷怪談』のフィクション性についても言えると思います。

お化けとしてのお岩さまと、実際には貞女の鑑《かがみ》であったお岩がいる。そこに正しさ全開の整合性を突きつけるのではなく、フィクションとノンフィクション、双方の要素を楽しむのが、文化的な豊かさなのではないでしょうか。

怪談がヒットした理由

私が考えるに、『四谷怪談』はフィクションではあるけれど、お客さまと向き合うときは、本当にあった出来事のように読むのがひとつの礼儀ではないかと思います。

歴史的事実はそれとして、フィクションの魅力があったからこそ、今日まで伝わってきたというのもまた事実であるわけですから。

それだけフィクションとしての『四谷怪談』がよくできているということでもあるでしょう。

江戸後期の退廃的なムードを背景に、有名な髪梳《かみす》きの場面や、戸板返《といたがえ》し※5など、人間の恐怖を極上のエンターテインメントに昇華している。また、そこに忠臣蔵の世界が交錯することで、幕政や武士階級に対する批判的な視点で読み解くことも可能です。

もともと江戸時代に怪談がヒットした背景として、武士を最上位に置く厳然たる身分社会があったから、という点はよく指摘されます。

※5 「髪梳きの場面」「戸板返し」 歌舞伎『東海道四谷怪談』における演出。「髪梳き」は、毒を盛られたお岩が髪を梳いていると大量の髪が抜けていき、恐ろしい顔に変わるシーン。「戸板返し」は、堀で釣りをする伊右衛門のところに、お岩と小《こ》仏《ぼとけ》小平《こへい》（民谷家の雇人）の遺体が打ち付けられた戸板が流れてくる。この表裏のふたりをひとりが早変わりで演じる演出。

武士が圧倒的なチカラを持ち、下々の者は日常的に理不尽な目に遭うなかで、その武士を、とても恐ろしくて、しかも法の外にあるお化けや幽霊が懲らしめてくれる――。つまり、お岩さまのような存在は、ある意味、武士に仕返しをして、カタルシスをもたらしてくれるヒーローやヒロインでもあるわけです。

ましてや、いま以上に霊的なものに対する畏れや怖さが、より実感としてあった時代ですから、怪談が熱狂的に受け入れられたのも自然なことに思えます。

『お岩誕生』を初めて読む際は、その前に西巣鴨の妙行寺《みょうぎょうじ》にあるお岩さまのお墓にも手を合わせてまいりました。

妙行寺の本堂には、お岩尊霊も祀られています。

この寺はもともと田宮家の菩提寺でもあったそうなんですが、墓所には忠臣蔵の浅野家の墓や、浅野内匠頭の妻である瑤泉院が建てた供養塔などもあります。ここでも四谷怪談と赤穂義士のリンクが見られるというのは、興味深いところです。

そして、墓所を奥へ奥へと進んだ先に、お岩さまの眠る墓があります。妙行寺の住職に話を聞くと、こちらはこちらで、お岩さまの捉え方がまた違っており、どちらかといえば、鶴屋南北のつくったお岩さま像に近いアプローチをとっているようです。

このようにお岩さまを祀る聖地でも諸説分かれるところが、やはり面白いと思います。

妙行寺では、お盆の時期に行われる「お施餓鬼」※6という法要に講談師を呼んでいるそうで、神田派の一門も参加しているようです。講談がそのようなかたちで由縁のあるお寺さんと結びつき、現代でも生きたエンターテインメントとして機能しているのは頼もしいことだと思います。

※6 **施餓鬼**《せがき》
餓鬼道に苦しむすべての生きとし生けるもののために、食事を施して供養すること、もしくはその法要。

私が『お岩誕生』を読むようになったのは真打になってからのことですが、じつは、二ツ目時代にも教わろうと思い、師匠にお願いをしたことがあるんです。ただ、めったにないことですが、その時点では「まだ早い」と諭されたという経緯がありました。師匠の十八番でもあり、それだけ大事にされている読み物なんですね。なにより「この怪談がいちばん怖いよな」と常々おっしゃってもいます。

真打となり、めでたく『お岩誕生』を教えていただいたわけですが、やはり名作と言われるものはそれだけの力があるのだなと、私も実感しております。誰もが知る「お岩さま」という名前の持つフックの大きさたるや。

怪談を語るテクニック

怪談物を得意とされた故・一龍斎貞水先生[※7]も、『お岩誕生』を十八番のひとつとされていました。

また、貞水先生はこの読み物に限らずいろいろな怪談を、学校寄席でもよくかけておられたそうです。

そのことを知って、私は初め不思議に思っておりました。たしかに尺は学校寄席で読むのにちょうどいいかもしれませんが、怪談は話が少々入り組んでいますし、登場人物の関係性も難しいかもしれない、と。

ですが、最近、私自身も学校寄席で『お岩誕生』をかけてみて、「な

※7 **六代目一龍斎貞水《いちりゅうさいていすい》**
一九三九～二〇二〇年。講談師。人間国宝。一九五五年、五代目一龍斎貞丈《ていじょう》に入門。一九六六年、真打昇進と同時に六代目貞水を襲名。大道具や照明を使った「立体怪談」など怪談噺を得意とし「怪談の貞水」の異名をとった。

るほど、そういうことか」と得心する機会がありました。

学校寄席といっても、その日の会場は学校の体育館などではなく、それなりに大きなホールでした。昼夜公演でして、夜は一般客向け、昼のほうが学校寄席となっており、地元の中学生たちを八百人ぐらい招くという形態です。落語家の三遊亭遊雀※8師匠と、浪曲師の玉川太福兄さんが一緒でした。

私の高座は、中学生に怖い話をする際のコツを教える、というレクチャーふうにしながら、そのサンプルとして『お岩誕生』のさわりを聴かせるという趣向にしました。

まず、子どもたちに、このように教えていきます。

幽霊といっても頭のなかで想像するしかない。そして、人間というのは暗闇が怖い。「だから怪談を読むときは、まず暗くするんです」と言いながら、照明を落とす。これだけで、子どもたちは「オオーッ」と歓声を上げます。

さらに、「間を使って、怖さを表現するんですね」と、背後を振り返るテクニックを見せます。振り返ったら、いったいなにが目に映ったの

※8 **三遊亭遊雀**《さんゆうていゆうじゃく》
一九六五年〜。落語家。一九八八年、二代目柳家権太楼《ごんたろう》に入門。二〇〇一年、真打昇進。二〇〇六年、落語芸術協会の三遊亭小遊三門下に移籍、「遊雀」に改名。

か。そのことを間で想像させるわけです。

　この一連の動作を、できるだけゆっくりと読む。

「怪談では、最後列のお客がはっきりと聞きとれるぐらい、ゆったりとした間をとれ」

　先代の林家正蔵[※9]師匠がこうおっしゃっていたそうです。

　私にもその意味がわかった気がしました。たっぷり間をとることで、手のひらにお客さまが乗っているような感覚に陥るのです。

　さらに、情景描写をしていきます。

　雨の音がポタポタ、やがてザーッと降ってくる。三味線や太鼓の音も入ってくる。昔ながらの鳴り物の表現に、子どもたちが食いついているのがわかります。

　続いて、人の足音が聞こえてくる。それが、家の前でピタッと止む。自分の亭主が帰ってきたのかな、と思ったら、全然知らない女の声だ。誰だろう？　頭のなかで想像する。そして、戸を開ける——。

　終演後、子どもたちから「ゾクゾクした！」とか「すごく引き込まれた！」という感想をたくさんもらいました。『お岩誕生』の終わりの五分程度を読んだだけですから、ストーリーはわからないはずです。にも

※9　八代目林家正蔵《はやしやしょうぞう》
一八九五～一九八二年。落語家。一九一二年、二代目三遊亭三福《さんぷく》に入門。一九二〇年、真打昇進。一九五〇年、八代目正蔵襲名。一九八一年、林家彦六《ひころく》に改名。

かかわらず、とても楽しんでくれたのです。

なぜ『四谷怪談』のお岩さまは、今日でもこんなにも生き生きと語られ続けるのか？

この中学生たちの反応が、まさにこの問いの答えである気がします。

二百年近く前の話だし、祟りなんて起こるわけがない。

理屈としてはそうでしょう。

しかし、恐怖というのは皮膚感覚みたいなもので、いつでも生々しいんですね。

怖さという普遍的な感情は、世代も、時代も超える。言わば、原初的なエンターテインメントであるということに気づかされました。

お岩様が、夫伊右衛門との折合い
悪く病身となられて、その後亡くな
ったのが寛永十三年二月二十二日で
あり爾来、田宮家ではいろいろと
「わざわい」が続き、菩提寺妙行寺
四代日遵上人の法華経の功徳により
一切の因縁が取り除かれた。
この寺も当時四谷にあったが、明
治四十二年に現在地に移転した。
お岩様に塔婆を捧げ、
熱心に祈れば必ず願い事
が成就すると多くの信者
の語るところである。

昭和四

第五章に出てくる講談のあらすじ

鶴屋南北が作った『東海道四谷怪談』は今も歌舞伎の人気狂言だが、講談の『四谷怪談』は、似た部分もあるものの、基本的に違う話だ。毒を盛られ顔が崩れたり、戸板に打ちつけられて川に流されたり、といった歌舞伎の有名なシーンは講談にはない。演者によって内容が異なることもある。だが、武士の田宮伊右衛門とその妻・お岩は睦まじく暮らしていたが、伊右衛門の上司にあたる組頭の伊藤喜兵衛《きへえ》の娘・お花が伊右衛門に一目惚れ、やがて、お岩は伊右衛門に裏切られ転落していく。この話の流れは歌舞伎と同様だ。

伯山が持っている読み物である『お岩誕生』は、連続物の発端部分である。

江戸時代の享保期、四谷左門町に御千手組の同心屋敷があり、田宮又左衛門《またざえもん》という者がいた。その一人娘・お綱《つな》は子供の頃の病で顔中があばただらけの形相。住み込みで働く伝助という男と所帯を持つ。やがて、お綱は産気づき今にも産まれそうなある日、伝助は高田大八郎《たかだだいはちろう》という足軽小頭の家で首と胴に分かれた男の死骸を見つける。金貸しの伊勢屋《いせや》重助《じゅうすけ》という男だが、大八郎は重助から金を借りたが返せず、殺してしまったのだ。大八郎は伝助も殺そうとするが、伝助が命乞いをすると、死体を捨ててこいと命じる。伝助は自分の家に死体を持ち帰る。伝助は重助の妻に、そのことを伝えてあげようと出かけるが、その妻もすでに大八郎に殺害されていた。家に残されたお綱のもとに殺された妻の亡霊が夫の死体を取り返すためにやってくる。妻の亡霊が抱えた生首を見た途端、お綱は叫び声を上げて、女の子を産み落とし、絶命する。その産み落とされた女の子が、のちのお岩である。

於岩稲荷田宮神社

東京都新宿区左門町17

■東京メトロ丸ノ内線《四谷三丁目駅》より徒歩5分

徳川家康の御家人であった田宮家は江戸開府とともに駿河から移り、四谷に居を構えた。田宮伊右衛門の妻・お岩は困窮する家を働きづめで立て直し救ったことから、貞女の鑑と敬われ、屋敷神の稲荷をお参りする者が増えていき、人々の信仰の対象になっていった。寛永十三年（一六三六年）に亡くなったお岩は、享保二年（一七一七年）、於岩稲荷社として勧請され、お岩は祭神となった。

そのおよそ百年後の文政八年（一八二五年）、四世鶴屋南北の作によって、歌舞伎『東海道四谷怪談』が上演される。お岩、伊右衛門は実名であるが、物語はあくまで物語でしかないにもかかわらず、芝居が大評判を呼ぶことによって、参拝者はさらに増えていった。

芝居の内容から、歌舞伎役者や講談師、俳優・スタッフたちが、それを上演する際、事故がないように、祟りにおそわれないように、と「お祓い」に行くのが今も慣習となっている。

※於岩稲荷田宮神社は、明治に火災、その後、関東大震災および太平洋戦争の米軍空襲により、代々伝わるものはほとんど焼失してしまった。しかし、ここに居を構えて以来、生活用水として使っていた湧き水が溜まる井戸は今もあり続ける。

妙行寺

東京都豊島区西巣鴨4—8—28

■都営三田線《西巣鴨駅》より徒歩5分

法華宗陣門流の寺院。山号は長徳山。慶長九年（一六〇四年）、麹町《こうじまち》清水谷《しみずだに》に創建され、寛永元年（一六二四年）、四谷鮫《さめ》河橋《がはし》南町《みなみちょう》に移転、明治四十二年（一九〇九年）に東京府の区画整理により、西巣鴨に移転した。

お岩の墓はこの妙行寺にある。「四谷怪談」や怪談の映画・演劇・ドラマなどの製作の際には、於岩稲荷田宮神社でお祓いをし、この寺のお岩の墓にお参りするのが欠かせない慣習となっている。

四谷にあった時から妙行寺は田宮家の菩提寺であった。ゆえに田宮家の代々の墓とともにお岩の墓もここにある。お岩の存在が、鶴屋南北によって作られたキャラクターなどではなく、実在の人物であった証である。寺では「お岩尊霊」として神格化してお祀りしている。『東海道四谷怪談』は、忠臣蔵の外伝という体裁で書かれた狂言であるが、この妙行寺には、浅野内匠頭正室・瑤泉院の尽力によって建立された、赤穂藩初代藩主浅野長直《ながなお》正室の高光院《こうこういん》殿と浅野内匠頭の舎弟・浅野長広《ながひろ》の正室・蓮光院《れんこういん》殿の供養塔があるのも縁を感じる。

※下の写真の中央がお岩さまの墓。

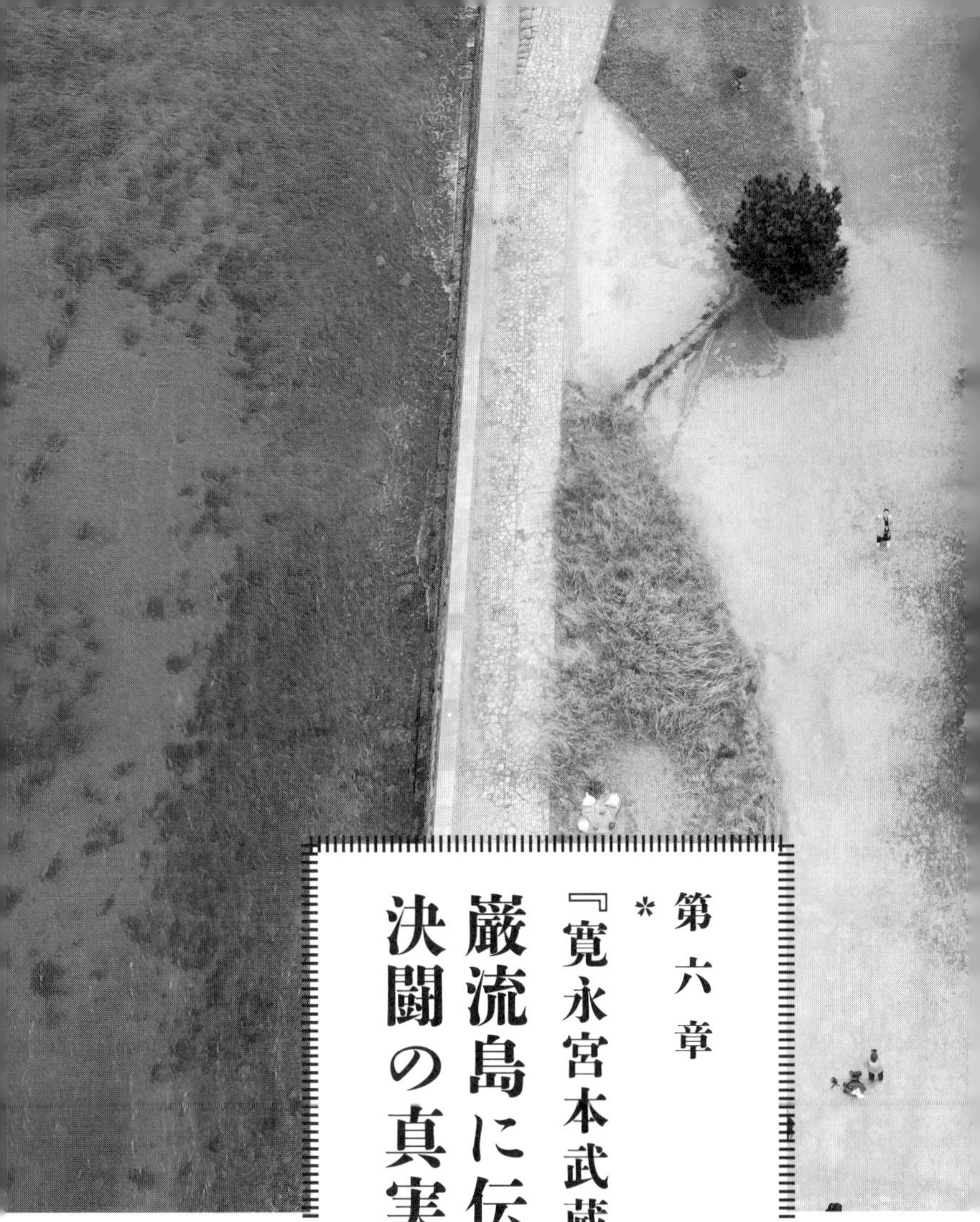

第六章

＊

『寛永宮本武蔵伝』巌流島に伝わる決闘の真実

以前、講談社のブックフェアで「人生を変えた一冊」を選ぶという企画（「World meets KODANSHA」）がありまして、私も一冊選ばせてもらいました。

講談師であることも意識しながら、かつ、本当に私にとって思い出深い本として選んだのが、吉川英治※1の『宮本武蔵《みやもとむさし》』です。すると、ほかにも『宮本武蔵』を挙げている方がふたりもいらっしゃったんです。

作家の伊集院静※2さんと漫画家の川原正敏※3さん。

四十人ほどの選者で、そのなかのじつに三人が『宮本武蔵』を挙げたという。

これはうれしい驚きでした。

吉川英治の武蔵像

講談には「武芸物《ぶげいもの》」というジャンルがあり、各流派で得意にしている、剣豪が主人公の読み物があります。我々、神田派なら宮本武蔵、一龍斎派なら荒木又右衛門※4、宝井派は塚原卜伝※5――このへんはメジャーど

※1 吉川英治《よしかわえいじ》
一八九二～一九六二年。小説家。一九三五年、朝日新聞で連載が開始された『宮本武蔵』が大評判となり、大衆小説の金字塔となる。『新・平家物語』『鳴門秘帖』『三国志』などを執筆、幅広い多くの読者を惹きつけた。

※2 伊集院静《いじゅういんしずか》
一九五〇年～。作家。一九八一年、『皐月』で作家デビュー。一九九一年、『乳房』で吉川英治文学新人賞、一九九二年、『受け月』で直木賞、一九九四年、『機関車先生』で柴田錬三郎賞、二〇〇二年『ごろごろ』で吉川英治文学賞受賞。二〇一六年、紫綬褒章を受章。

※3 川原正敏《かわはらまさとし》
一九六〇年～。漫画家。一九八五年、『パラダイス学園』（『月刊少年マガジン』）でデビュー。『修羅の門』『海皇紀』『陸奥圓明流外伝 修羅の刻』など多くのヒット作を創作する。

ころですが、たとえば田辺派が得意とする佐野鹿十郎[※6]となると、「だれ？」となってしまう方も多いと思います。

とはいえ、佐野鹿十郎だってかつて人気があったからこそ、流派の得意の読み物と言われるほど読まれたはずなんです。それでも、いまは圧倒的に宮本武蔵の知名度が勝っている。なぜかと言えば、これは完全に吉川英治のおかげでしょう。

同じ講談の宮本武蔵でも、神田派は『寛永宮本武蔵伝』、宝井派には『天正《てんしょう》宮本武蔵伝』があり、微妙にテイストが違います。おそらくですが、吉川英治が参考にしたのは『天正宮本武蔵伝』のほうなんですね。

もっとも、そこにお通《つう》のような幼馴染みを登場させたり、天下無双について思索する求道者のような厚みを加えたりしたことが重要です。

言ってみれば、吉川英治は、書割的な少年講談の世界を、大人にも噛み応えのある娯楽作へと仕立てた。私たちがいま宮本武蔵と聞いて真っ先に思い浮かべるのも、この吉川英治の造形した武蔵です。

件の講談社のブックフェアでは、著者（吉川英治）に伝えたいこと、という質問もありましたので、私はこう答えました。

※4　荒木《あらき》又《また》右衛門《えもん》〈100ページ〉
一五九八（諸説あり）～一六三八年。江戸時代初期の剣豪。大和郡山藩の剣術師範を務める。一六三四年、妻の実弟・渡辺数馬の助太刀で仇討ちに加勢、伊賀上野の鍵屋の辻で行われた決闘での又右衛門の活躍は講談となり「三十六人斬り」と脚色されたが、実際斬ったのは二名だった。

※5　塚原卜伝《つかはらぼくでん》〈100ページ〉
一四八九～一五七一年（伝）。室町時代末期の剣術家。父祖伝来の鹿島神流、養父から天真正伝香取神道流を修め、自ら、剣術の流派、鹿島新當流を興した。幾度となく真剣勝負したにもかかわらず一度も刀傷を受けなかったことから「剣聖」と呼ばれる。

※6　佐野鹿十郎《さのしかじゅうろう》
生没年不詳。江戸時代初期の剣客。薩摩藩士であったが、軍令違反で追放となり、熊本藩の剣術師範・浮田伝五《でんご》右衛門《えもん》と知己を得て食客となる。伝五右衛門が殺され、鹿十郎は仇討ちの加勢をし、討ち果たす。

「宮本武蔵が令和の時代になっても生きているのは、吉川先生のおかげです」と。

一方で、『寛永宮本武蔵伝』はというと、これまた異なる武蔵像なんですね。

こちらは求道者的というよりは、武芸者がバトルにバトルを重ねていく、エンターテインメントを全面的に意識した読み物となっています。

二〇二二年一月、私は『寛永宮本武蔵伝』全十七席の連続読み公演を行いました。

続けて読んでみると、剣豪の苦悩が覗くくだりもないわけではないのですが、それよりもひたすらカラッと明るい物語を貫くところに、講談としての潔さを感じました。

公演では、東京の池袋から始まり、名古屋、福岡と三ヵ所をめぐりました。その間、計四公演。つまり、『寛永宮本武蔵伝』を四周しました。

この記録素材を自分で聴き直してみたのですが、福岡公演が圧倒的にいい出来でした。最後なので口慣れたのもあると思いますが、やればやるほど味が出たな、という印象があります。

そもそも武芸物は、出来・不出来の差が出やすい読み物だと思います。お客さまの空気も、いいときはとてもよく、悪いときはとても悪い。意外とこの危うさは、武芸物が剣術の世界にも通じているのかもしれません。

この時代の剣術ですごいなと思うのは、基本的に「生き残った者だけが名人になれる」ということです。

一敗でもすることは、即、命を失うことにつながる。ひたすら勝ち続けるしかない。

とんでもなくシビアな世界ですよね。

しかも、相手はこちらの都合にあわせて、成長するのを待ってくれるわけではありません。いきなり強い相手と当たったら、そこでゲームオーバー。つまり、運も味方につけてこその名人なのです。

島の名に刻まれた小次郎

福岡公演の終わりで、巌流島《がんりゅうじま》まで足を延ばしてみました。

平家最期の地・壇ノ浦と同じく、関門海峡にあります。私は、下関側の唐戸ターミナルから連絡船で向かいました。

巌流島と言うときの「巌流」は、佐々木小次郎の別名にあたります。正式名称は「船島《ふなしま》」。これが、『寛永宮本武蔵伝』では「灘島《なだじま》」となる。高座でも毎回、説明が難しいのですが、ようは「灘島」という架空の島にすることで、よりフィクション性を強調しているのではないかと思います。

武蔵と決闘した時点での小次郎のキャラクターについて、『寛永宮本武蔵伝』では七十歳超えの老獪《ろうかい》な剣豪として描かれますが、一般的には、前髪立ちの青年剣士というイメージのほうが強いかもしれません。

小次郎が実在したのはまちがいないと思いますが、その生涯についてはわかっていることが少ないため、作品内で描かれる師弟関係やライバル関係によって年齢までもが都合よく変えられてしまうわけです。

決闘の勝敗についても、諸説あります。

多くの作品で、武蔵が小次郎を打ち負かしたことになっていますが、地元では有名な話として、私自身も現地で詳しい方から直接伺ったこんな逸話があります。

本来、決闘は一対一の約束だったにもかかわらず、武蔵は弟子をぞろぞろと連れてきたという。対する小次郎はたったひとりで来た。これを武蔵サイドが寄ってたかって叩きのめしたというのです。

あるいは、武蔵が勝つには勝ったが、その後、息を吹き返した小次郎を、弟子たちが寄ってたかって——という説もあるそうです。

いずれにせよ、決闘の場において、小次郎のほうが武蔵よりも立派な振る舞いをしたという話が地元では伝わっており、そのため島の名前も、小次郎の別名「巌流」をとって、巌流島と呼ぶようになったという。

いったい誰が書いたのかはわかりませんが、『寛永宮本武蔵伝』にも、小次郎が武蔵に向けて言うセリフで、「あなたにはお仲間がいて、どうせ私が勝ったとしても袋叩きに遭うのだろう」という一文がありまず。なかなか示唆的ですよね。

もちろん、真実はわかりません。

ただ、もし実際にこうだったのだとしても、それによって武蔵のなにかが損なわれるということもないのですね。巌流の名が島に残ったというエピソードまで含めて、素敵なファンタジーだなと思えるのです。

ちなみに、かつて島には小次郎の墓が存在していたという記録も残っているそうですが、その墓もすでに跡形もなくなっています。

このあたりは工業地帯で、島自体も造成が進み、昔とはかたちも大きさも変わっているんです。

巌流島にはいま、タヌキが二匹棲み着いているそうです。

二匹というのがいいですよね。かつて武蔵と小次郎が闘った無人島に、いまはタヌキが二匹いるという。


現在でも注目の一騎打ちなんかですと、ジャンルを問わず、「巌流島」というキャッチフレーズが使われることがあります。

ある意味、巌流島は、決闘のブランドになったのです。

なかでも、実際に巌流島で闘ったことで有名なのが、昭和六十二年（一九八七年）に行われたプロレスの試合[※7]です。アントニオ猪木さんと

※7　**巌流島決戦**
一九八七年十月四日、巌流島においてアントニオ猪木と維新軍のマサ斎藤により、「時間無制限」「ノールール」でおこなわれた無観客試合。二時間の死闘の末、裸絞めにより猪木のＴＫＯ勝ち。

マサ斎藤さんによるノールール・ノーピープルマッチです。なお、巌流島で試合をする、という発想自体は藤波辰爾[※8]さんのアイデアだったという話もあるそうです。

最近読んだ『プロレス社会学のススメ』（プチ鹿島・斎藤文彦著）という本に、面白いことが書いてありました。観客をいっさい入れず、中継のみで行われたこの試合は、コロナ禍に急増した「無観客興行」に先駆けていた、というのです。放映料だけではなく、会場に立てたノボリにも協賛金を募るなど、無観客でも収益を上げる工夫がいろいろとなされていたそうです。

私は猪木さんの全盛期には間に合っていないですけど、引退試合をテレビで見ることができましたし、晩年に対談する機会をいただくこともできました。

つくづく昭和の生んだスーパースターであることはまちがいないのですが、同時に、その先駆性がリアルタイムでは理解されず、のちになって再評価されるということも多かったと思います。たとえばモハメド・アリとの異種格闘技戦[※9]も、当時は「世紀の凡戦」などと言われていたの

※8　藤波辰爾《ふじなみたつみ》
一九五三年〜。プロレスラー。一九七〇年、日本プロレスに入門。アントニオ猪木の付き人となり、一九七一年、デビュー戦。一九七二年、猪木が旗揚げした新日本プロレスに参加。アメリカの海外遠征でWWWFジュニアヘビー級王座を獲得。「ドラゴン」の愛称は世界のプロレスファンに轟いている。

※9　格闘技世界一決定戦
一九七六年六月二十六日、日本武道館においてアントニオ猪木とプロボクシングの世界ヘビー級チャンピオン、モハメド・アリによっておこなわれた異種格闘技戦。15ラウンド戦った末、判定ドロー。

が、現在の格闘技の技術から見ると、リング上で非常に高い駆け引きが行われていたことがわかってきたりする。

巌流島のノールール・ノーピープルマッチもまた、令和になってもまだ新たな発見があるというのが、アントニオ猪木の偉大さを物語っていると思います。

なお、プロレス界では、その後もこの試合へのオマージュのようなかたちで、何度か巌流島での試合や興行が行われています。

技術伝承のためのマニュアル

プロレスといえば、前田日明[※10]さんも宮本武蔵についてYouTubeで語っていました。

武蔵が著したとされる『五輪書』[※11]が、とても画期的だったというんです。

たいてい名人や達人の本に書かれているのは、玄人向けの応用編の技術であると。しかし『五輪書』は、初心者がどうやって剣を握るかとい

※10 **前田《まえだ》日明《あきら》**
一九五九年〜。一九七七年、新日本プロレスに入門。一九八四年、新日本プロレスを離れUWFに参加。一九九一年、UWF解散後、リングスを設立。一九九九年、アレクサンダー・カレリン戦を最後に現役引退。引退後、総合格闘技プロモーターとしても活躍。

※11 **『五《ご》輪書《りんのしょ》』**
宮本武蔵が著した兵法書。「地、水、火、風、空」の五巻に分かれる。武蔵自筆による本は現存せず、写本によって内容に相違がある。しかも、同時代の文献に武蔵がこれを書いたという傍証が残っておらず、成立について疑問が残る。

うゼロ地点から書かれている。その上で、その初心者が応用編までたどり着けるような構成になっているそうなんです。

ゼロから物事を説明するのは、本気で後世に伝えたいという意思があるからでしょう。

あらためて武蔵はすごいなと思いました。技術を自分だけで終わらせるのではなく、具体的に次世代へとつないでいくことを見据えていたのです。

講談にも言えることですが、身体的な芸を受け継ぎ、次世代へとつなぐという作業は、科学技術のようにはいかないわけです。

たとえば、カンであるとか、間であるとか、言語化しにくい領域が多くあります。それらをどのようにパッケージして後世に残すべきか。

これは伝統芸能に携わる者であれば、誰しもがぶつかる問題です。

私にも、弟子が増えてきました。

いまでしたら、高座の映像を残しておけば、それらを弟子に手本として渡すことができます。また、私の映像だけではなく、他の先生方の高座も私がご一緒させていただくような会の際に撮影しまして、許可をいただいた上で、それを弟子に見せることもしています。

もともと私が所蔵している資料もあるのですが、音や映像となると、なかなか一席がフルで残っているものが少ない。ましてや、連続物となれば、なおさらです。

たとえば『寛永宮本武蔵伝』には、『狼退治』※12という前座がやるのに適した読み物も入っています。これを映像にしておき、彼らがいつでも触れられるようにしてやればいいわけですが、その場合でも、『狼退治』単独で覚えるのと、『寛永宮本武蔵伝』の発端からそこへ至る流れ、大詰までの全体像を把握した上で覚えるのとでは、読み物の解像度も変わってくるはずです。

ですから、連続読みとして、全体像を残しておくことが重要なのです。

じつは講談の武芸物となると、私にとっては教科書になりうるようなものが多くはありませんでした。

ウチの師匠は、いまはあまり武芸物を読みません。また、大師匠の二代目山陽はというと、キャリアを背景に、『狼退治』や『熱湯風呂』※13と

※12 『狼《おおかみ》退治《たいじ》』
連続物『寛永宮本武蔵伝』の中における第四席。駕籠に乗って箱根の山を越えようとするが、野宿となり、そこに狼の群れが襲ってくる。駕籠かきの正体は柔術家の関口《せきぐち》弥太郎《やたろう》。武蔵とふたりで狼を退治する。

※13 『熱湯風呂《ねっとうぶろ》』
連続物『寛永宮本武蔵伝』の中の第十二席。武蔵を仇と狙う者の道場に逗留することになった武蔵は、風呂を勧められ入ると、入り口に釘を打ちつけられ閉じ込められて、熱湯が注ぎ込まれてきて絶体絶命の危機に。

いった前座の読み物をあえて熱演して笑いをとる、というやり方をとっていました。

たとえば武芸物であれば、剣豪同士の斬り合いを、目線の動きや、グッとした目力だけで表現するような境地もあるだろうと思います。ただ、『寛永宮本武蔵伝』については、コミカルな持ち味がありますから、まずは楽しさを優先するべきだろうとも思います。

とくに『寛永宮本武蔵伝』の連続読みをYouTubeで公開してみてわかったのが、高座での抑制された凄みというのは会場ではよく伝わるんですが、これが映像になると、もう少し動いたほうが映えるなということ。

だからといって映像を意識するなら動きがあったほうがいい、という単純なことではなく、若い演者には若い演者なりの判断があるだろうし、キャリアがある人間であれば、また別の判断もありうるだろうということです。

等身大のお手本がない以上、けっきょくは自分の頭で考えるほかないのです。

私の場合、意外と五十代、六十代でやる宮本武蔵が、いまよりも何倍も面白いことになっているのではないかという予感がします。

巌流島しかり、吉川英治しかり、フィクションの力でいかようにも化けるのが、宮本武蔵です。現状は台本に比較的忠実にやっていますが、本気で手をかければ伸びしろのある読み物だと思うのです。

第六章に出てくる講談のあらすじ

『寛永宮本武蔵伝』の最後の決戦の舞台、現在の船島は巌流島という名で有名だが、『寛永宮本武蔵伝』では「灘島」の名称で読まれている。

豊前小倉藩の家臣・宮本伊織《いおり》の子、武蔵は子どもの頃より父に剣術を学び、二刀流を編み出す。武蔵の妻の父で道場主の石川軍刀斎巌流《ぐんとうさいがんりゅう》は、その評判を妬んだ熊本の剣豪、佐々木小次郎岸柳《がんりゅう》に狙われ、自死を遂げる。

武蔵は小次郎岸柳を仇として討ち果たすため諸国を巡る旅に出る。その旅の途中、多くの武芸、武術の達人に出会う。まず、小次郎岸柳が送り込んだ偽岸柳を倒し（第一席『偽岸柳』、第二席『道場破り』、第三席『闇討』）、駕籠かきになりすましていた柔術家、関口弥太郎と箱根の山中で狼と戦い（第四席『狼退治』）、柳生十兵衛《やぎゅうじゅうべえ》（第七席『柳生十兵衛』）や吉岡又三郎《よしおかまたさぶろう》（第十一席『吉岡又三郎』）といった名だたる剣豪たちと太刀を交え、鎖鎌の名手、山田《やまだ》真龍《しんりゅう》軒《けん》を倒す（第十五席『山田真龍軒』）などを経て、西へと歩みを進め、ついに関門海峡の船上で小次郎岸柳に巡り会う（第十六席『下関の船宿』）。そして、決戦の末、武蔵は小次郎岸柳を討ち果たす（第十七席『灘島の決闘』）。全十七席の連続物講談は、この物語をメジャーにした吉川英治の小説『宮本武蔵』とは、話の筋もシチュエーションも異なる部分が多数ある。中でも大きな違いは、小次郎の年齢であろう。吉川版では、元服前の前髪立ちの美青年として描かれ、そのイメージが一般には流布しているが、寛永版は七十を超える老人という設定だ。吉川版のイメージが強いゆえ、小次郎老人は逆に新鮮に映る。

船島（巌流島）

山口県下関市大字彦島字船島648番地

■関門汽船《下関唐戸1号桟橋》より連絡船で10分

関門海峡・彦島江の浦東岸およそ二五〇ｍにある無人島。諸説あるが、慶長十七年（一六一二年）四月十三日、宮本武蔵と佐々木小次郎の決闘がおこなわれたのがこの島であった。決闘は武蔵が勝利し、敗れた小次郎のことを想う地元の人々によって、小次郎の別名もしくは流儀「巌流」をとって巌流島と呼ばれるようになったという。

島には明治四十三年（一九一〇年）に建立された「佐々木巌流之碑」がひっそりと佇んでいる。二〇〇三年にこの島のシンボルとなる武蔵・小次郎両雄の像が完成し、決闘を行った砂浜を再現した人工海浜も作られ、散歩道や休息所も整備されている。

一九八七年十月四日には、新日本プロレスによる、アントニオ猪木とマサ斎藤によるプロレスの試合が行われた。まさに「昭和の巌流島の決闘」である。無観客試合、時間無制限、ノールールで行われ、猪木は武蔵に倣い三十分ほど姿を現さなかった。試合は二時間五分十四秒、裸絞めにより猪木のＴＫＯ勝ちとなった。

※一日約十便の直行便の連絡船（大人900円／小人450円・往復料金）が運航され、決闘の聖地として今も多くの観光客が訪れている。

第二部

来るべき講釈場のために

第七章 * 国技館と相撲幻想

相撲は、子どもでも大人でも一瞬でルールが理解できますよね。勝敗もはっきりしている。この明快さがいいなと思います。

私も子どもの頃から祖父や祖母と一緒に相撲を楽しんでいました。当時は若貴ブーム※1で、ワイドショーなどでも常に話題に事欠かずで、相撲というジャンルを眩しく感じておりました。

同時に、力士たちの生き様も、心打たれるものがありました。

元小錦※2などは、強かったときには、「やめろ、やめろ」のブーイングだった。ところがヒザを悪くして、番付が下がってくると、今度は「がんばれ」という声援がかかる。この「がんばれ」を言われてしまったらおしまい。この栄枯盛衰のクッキリしたコントラストが、子ども心に強烈でしたね。

谷風と雷電の使い分け

講談には力士伝と呼ばれるジャンルがありまして、この代表作ともいえるのが『寛政力士伝《かんせいりきしでん》』です。

※1 **若貴ブーム**
元大関で人気の高かった貴ノ花を父に持つ、若花田（のちの若乃花）と貴花田（のちの貴乃花）の兄弟が、一九八八年に初土俵を踏むや快進撃をはじめ、一九九四年に貴乃花、一九九八年に若乃花が横綱になり、平成時代の初めに空前の大相撲ブームを巻き起こした。

※2 **小錦《こにしき》八十吉《やそきち》**
一九六三年～。タレント。元大相撲力士。ハワイ・オアフ島出身。一九八二年、高砂部屋に入門、初土俵を踏む。最高位、東大関。一九九七年、現役引退。当時、大相撲史上最重量の巨体で人気が高かった。

※3 **谷風梶之《たにかぜかじの》助《すけ》** 〈121ページ〉
一七五〇～一七九五年。江戸時代寛政期に活躍した大相撲力士。第四代横綱。一七六九年、初土俵。一七八九年、小野川喜三郎と共に最初の横綱免許が与えられ、これを事実上の

寛政期（一七八九～一八〇一年）に活躍した谷風梶之助、[※3]小野川喜三郎、[※4]雷電為右衛門[※5]といった錚々たる人気力士たちが登場します。まさに江戸相撲の黄金時代です。

よく考えれば、他に似たようなエンターテインメントやスポーツがほぼなかった時代でもあるんですね。日本全国津々浦々のチカラ自慢がみな、相撲というジャンルに集まったわけです。

いまでも大相撲の場内アナウンスでは、所属部屋とともに出身地を紹介します。それぐらい、昔は力士がその土地ごとの、言わば「おらが村の代表」という意識があったのでしょう。

ですから私も地方公演などで力士伝を読む際には、その土地出身の力士の話をしてから、本編につなげるということもします。

いまでも番付が東西に分かれているのも、かつて出身地別で分けられていたことの名残だと聞きます。つまり、相撲というのは、文字どおりの日本一決定戦だったのでしょう。

そのなかからさらに選ばれた力士たちですから、それはもう人気もありますし、実際、強かったのだと思います。

横綱制度発祥とするのが定説となっている。品格や人間性も立派だったことから横綱の手本と称せられる。

※4　小野《おの》川《がわ》喜《き》三郎《さぶろう》　一七五八（一七六一の説もあり）～一八〇六年。江戸時代寛政期に活躍した大相撲力士。第五代横綱。一七八二年、六十三連勝していた谷風の連勝を止め、その後、両力士はこの時期の大相撲の中心的存在となり、一七八九年、谷風と共に最初の横綱免許が与えられた。

※5　雷電為右衛門《らいでんためえもん》　一七六七～一八二五年。江戸時代寛政期に活躍した大相撲力士。最高位、西大関。現役生活二十一年で黒星は十個。勝率九割六分二厘という大相撲史上における最強の力士と称される。横綱免許を受けなかったことについては諸説あるが、どれも決め手を欠き不明。

この『寛政力士伝』に、谷風が善行を積んだ「谷風七善根《しちぜんこん》」と呼ばれる一連の読み物があります。

そのひとつ、『谷風の情け相撲』※6では、家族の看病に追われて負けの込んでいる格下力士に谷風がわざと負けてやります。

ただし、実際にはそんな取組は存在しなかったようです。

調べてみると、谷風自身が人格者だったということはあるのでしょう。谷風があまりにも人格者で魅力もあったので、そのことに尾ひれがつき、創作もされていったようです。

『谷風の情け相撲』は私も前座時代から持っている読み物でした。

ひとことで言えば、谷風が片八百長をする人情話ですが、これにたくさん笑いをまぶすことで、お客さまにもけっこう喜んでいただいた感触があります。

ほかにも二ツ目時代から重宝している読み物として、『雷電の初土俵』※7があります。

谷風の弟子でもある力士、雷電の出世譚です。

※6 『谷風《たにかぜ》の情《なさ》け相撲《ずもう》』
134ページ参照。

※7 『雷電《らいでん》の初土俵《はつどひょう》』
『寛政力士伝』の中の一席。浦風部屋に入門するも強すぎて稽古相手がおらず、横綱の谷風は雷電の才能を見抜き稽古をつける。初土俵から圧倒的な強さで勝ち進み、三日目の八角《はっかく》との戦いでは張り手で倒すも、あまりの強さに雷電の張り手は禁じ手となる。

私なりに分析すると、『谷風』のほうが比較的若い人向けで、一方、この『雷電』は年配層にウケる傾向があります。なので、力士伝については、客層にあわせてこのふたつの読み物を使い分けるということをよくやっていますね。

ちなみに『寛政力士伝』は、真龍斎貞水[※8]——のちに早川貞水と呼ばれる講談師がつくったということもありまして、近年では、その流れを汲む一龍斎貞水先生が得意とされていました。

なかでも『雷電と小野川』という両力士の取組を読む貞水先生の迫力たるや。どちらも負けられないシチュエーションでの大一番。さあ、どちらが勝つのか!?　というハラハラドキドキの一席でした。

数百年前の読み物で、かつ脚色されたものではありますが、貞水先生の読み口によって、いざ目の前で取組が始まるかのごとく引き込まれてしまうんです。

力士伝というくくりだけでなく、登場人物として力士が出てくる読み物も、講談には多く存在します。

※8　**四代目真龍斎貞水《しんりゅうさいていすい》**　一八六一〜一九一七年。講談師。一八七八年、初代旭堂南慶に入門。一八九一年、三代目真龍斎貞水門下に移り、一八九九年、四代目真龍斎貞水、一九一一年に早川貞水となった。『寛政力士伝』をつくり、「お相撲貞水」と称せられた。

『幡随院長兵衛』[※9]という読み物には、桜川五郎蔵《さくらがわごろぞう》という力士が登場します。『天保水滸伝』の主役、笹川繁蔵と飯岡助五郎。このふたりの侠客も、もとは相撲取りでした。

やはり相撲というのは、力の象徴のようなところがあるのでしょうね。それでいて、力士という存在には、シリアスさとともにどこか滑稽さが共存しています。このギャップに想像が膨らむ余白があると言いましょうか。キャラクターとして、とても魅力的なんです。

いままで言えば、プロレスラーが近い存在かもしれません。もっとも、日本のプロレスの生みの親である力道山《りきどうざん》も、もとは力士ですから、そう思うのも自然なことかもしれませんが。

やはり『寛政力士伝』のうち、『小田原遺恨相撲』[※10]という一席は、地方相撲で威張っている荒岩大五郎というアマチュア力士を、プロの雷電がコテンパンにするという物語です。

最後は雷電が、荒岩の腕を折ってしまいます。このやりクチに、少しグレイシー柔術[※11]に似たものを感じました。つまり、ただ勝利するだけでは、アマチュア相手の場合、あとでいろいろと言い逃れをされたり難癖

※9 **『幡随院長兵衛《ばんずいいんちょうべえ》』** 長兵衛は、江戸時代初期の町奴の頭領。男伊達を旗本奴と競い合い、その頭領、水野十郎左衛門《みずのじゅうろうざえもん》に殺害される。歌舞伎の『極付幡随長兵衛』は今もかけられる人気演目。この連続物に出てくる力士、桜川五郎蔵は、母への孝行ぶりを長兵衛が感じ入り目をかけるも、水野の一派に殺されてしまう。

※10 **『小田原遺恨相撲《おだわらいこんずもう》』** 134ページ参照。

※11 **グレイシー柔術** 柔道家・前田光世《まえだみつよ》がブラジルに渡り、自らの習得した柔道、柔術の技術を伝え、教えを受けたグレイシー一族によって考案された柔術。体力や体格で劣っていても勝てるのが特徴。エリオ・グレイシーが創始者とされる。

をつけられたりするかもしれない。ですから、誰の目にも勝敗が一目瞭然となるように、証拠を残すという。

講談としてとてもいいバランスだなと思うのが、この雷電の手形がいまも残されているんです。それがまたずいぶんと大きくて、あきらかに巨漢だったとわかる。いやでも、雷電幻想が膨らむというわけです。

国技館の砂かぶり席

これまで相撲をナマで観たのは五、六回ほどでしょうか。

会場ではもちろん実況や解説は流れませんから、ただ取組が続いていくのは冗長なのかなと思いきや、そうでもないんです。たしかに取組はあっけなく終わりますが、なにか不思議な時間が流れていきます。テレビ中継のあるスポーツであれば、だいたい似たようなところはあるのかもしれませんが、それでも、ここまで生観戦とテレビ観戦とでガラッと空気の変わるジャンルも珍しいのではないかと思います。

相撲には、近代スポーツというよりも、江戸の祭りの儀式の匂いが色濃く残っているんです。

それを強く感じたのが、両国国技館の砂かぶり席[※12]で観戦したときのことです。

観戦だけでいえば、プロレスなども含めて、イス席、マス席など国技館のいろいろな席に座ったことがありますが、砂かぶり席は、次元のちがう世界でした。

言ってみれば、観客の世界ではなく、力士の世界なのです。力士の世界の隅に座らせてもらっている感覚でした。

実際、土俵ともかぎりなく近い距離感です。力士が土俵からゴロンと落ちてぶつかってきた場合、なにしろあの巨漢ですから、危険じゃないですか。チケットには、「怪我しても補償しません」という内容の一文が書かれています。

合理的に考えれば、フェンスを設けるなどすればいいわけですが、むしろそういった可能性のある観戦席を残している。それもひとつの伝統であると捉えて、大事にしているのが感じられました。

また、砂かぶり席にいると、土俵上の呼吸が伝わってくるのです。

※12　砂かぶり席
正式名称は「溜席《たまりせき》」。大相撲において最も土俵に近い座布団敷きの席。その中でも前列は日本相撲協会を後援する維持員席でチケット入手は困難を極める。カメラ撮影やスマートフォン等の使用は禁止されている。

息づかいや、漏れ出る小さな声から、一瞬に命を懸けていることがわかる。極度の集中と緊張がメトロノームのように、何度も刻まれていく。本来であれば、そこには喜怒哀楽もものすごくあるはずですが、たとえ勝利しても、表情ひとつ変えません。ガッツポーズなんてもってのほかです。

これがほかのスポーツでしたら、むしろ選手が感情を爆発させる瞬間が、魅力であったりもするでしょう。

ガッツポーズぐらいいいじゃないか、という声もあります。ですが、砂かぶり席で観て、あらためて腑に落ちたこともありました。

相撲の勝負というのは、一目瞭然でわかりやすい。これが現代的な格闘技でしたら、入場などももっとショウアップして、その勝敗を盛り上げると思います。しかし、相撲では、すぐに次の力士が控えていて力水をつけていたり、じつに淡々と進行していきます。

そこには澄んだ空気と言いますか、一貫した調和があるのです。興行全体がひとつの儀式のようで、たしかに、ここにはガッツポーズはいらない、と思えるのです。

振り返れば私、小学生の頃にはわんぱく相撲に参加したこともありました。

近所の三校か四校ぐらいの小学校からちびっ子が集まって、一日で七番ぐらい勝ち抜くと国技館での全国大会に出られるのです。

私がいたのは、とくに相撲のレベルが高い小学校というわけでもなく、私自身、鍛えていたわけではありませんでしたから、結果は途中敗退でした。

印象に残っているのが、すでにその時点で、モンゴル出身の子が参加していたことです。大相撲でもまだモンゴル出身力士が珍しい時代でしたが、私たちは、いち早くモンゴルの風を感じていたことになります。

ちなみにそのモンゴルの子は体格も大きくて、とても強かったのですが、決勝まで進んだところで、小柄だけど相撲の技術を持っている日本の子に敗れました。それを見て、つくづく技術というものは大事だと思いましたね。

わんぱく相撲においては、かつて女子が全国大会に出場できませんでしたが、いまは会場を変えて、女子だけの全国大会というものが開催されているそうです。

ここには、土俵に女性を上げないという「伝統」が関係しています。なかなか難しい問題です。そもそも「女人禁制」という考え方自体、明治期に政治的な理由で設けられたという説もあります。

ここで私が思うのは、国技館の土俵というのは、ある種、力の象徴としてあるわけです。そんな場所に立つのは、男性でもなかなか憚られることではないでしょうか。断髪式などの例外はありますが、いざ土俵に立つとなれば、私であれば、「とても、とても、自分なんかが……」と思ってしまいます。

これは、演芸の世界における高座も近いかもしれません。たとえば末廣亭の座布団は、芸人であればいざ知らず、外部の方がそうやすやすと座れる場所ではないのではないでしょうか。

この、人サマの神聖な領域に立ち入ることに対して、畏れの感覚があるかないか、ということはとても重要です。

もう少し厳密に言いますと、力士と行司、呼出など取組に関わる者以外は土俵に上がってほしくない、という気持ちが私にはあります。男女のくくりよりも、取組の部外者が土俵に上がることに抵抗があるのです。

つまり、この問題は根底に、それぞれの持ち場や職業における神聖な感覚というものに対してリスペクトする態度があってこそだと思うのです。

話は脇道にそれますが、国技館には、「国技館やきとり」という名物があります。この焼き鳥は、国技館の地下にある工場でつくられているそうです。

よく格闘マンガとかで、競技場の地下に秘密のリングがあって、夜な夜なアンダーグラウンドな格闘技大会が繰り広げられている――なんていうフィクションが描かれたりしますが、国技館の地下では、なんと焼き鳥がつくられているという（笑）。味の幻想も膨らみますし、実際、美味しいんです。

落語と浪曲とのハイブリッド

以前、私の先輩で一門のある姉さんが、貴乃花部屋のパーティーかなにかで司会を頼まれたことがありました。

姉さんは、そこで『越の海』[※13]という相撲の読み物を披露したそうです。これが大ウケで、貴乃花親方から直々に、「ほかにも講談には、相撲の話がありますか？」と聞かれて、「いろいろありますよ。『阿武松』[※14]ですとか」と答えたら、十日後ぐらいにもパーティーがあるから、そこでやってくれないかと頼まれたと。

ですが、その時点で姉さんの持っている相撲の読み物は、『越の海』だけでした。ですから、正直にそのことをお伝えしたら、まだ親方時代でバリバリだった貴乃花が、真剣な目でこう言ったそうです。

「でも、命をかけてやれば、十日で覚えられますよね？」

そう言われて、姉さんは、必死に『阿武松』を覚えたそうです。

「いろんな男を見てきたけど、あの貴乃花に言われたらやるしかないで

※13 『越《こし》の海《うみ》』
『寛政力士伝』の中の一席。五尺五分（約一五〇cm）の小柄の男・勇造《ゆうぞう》が力士を目指す。横綱谷風と稽古の機会を得る。谷風のへその辺りに勇造の髷が当たり、谷風はくすぐったくて土俵を割ってしまう。力の強さを見込んだ谷風は鍛えて小結まで番付が上がり、四股名を越の海とした。

※14 『阿武松《おうのまつ》』
134ページ参照。

しょ」と（笑）。なんとか無事間に合って、高座もウケたそうです。

『阿武松』は、大メシ食らいの男が相撲取りになって出世するという話です。

私が最初に聴いたのは、三遊亭圓生[※15]師匠の音源で、そのときから面白い話だなと思っていました。

ウチの師匠は、この『阿武松』を立川談志師匠から教わったそうです。

その談志師匠は、私の大師匠である二代目神田山陽からいろいろな講談を教わっていましたので、弟子であるウチの師匠としては、「たまには談志師匠からも教わんなきゃ、イーブンにならないからね」と冗談で言っていました。

さらにさかのぼれば、談志師匠は『阿武松』を、たしか浪花節の先代京山幸枝若[※16]先生から教わられたのか、参考にされたのか、そのどちらかだったのではないかと思います。いずれにせよとてもリズミカルなのです。そういう意味で演芸的にハイブリッドな『阿武松』を、私は師匠から教えていただきました。

※15　六代目三遊亭圓生《さんゆうていえんしょう》
一九〇〇〜一九七九年。落語家。昭和期を代表する名人のひとり。一九〇九年、四代目 橘家《たちばなや》圓蔵《えんぞう》に入門。一九二〇年、真打昇進。一九四一年、六代目三遊亭圓生襲名。一九七九年、落語家として初めて歌舞伎座で独演会を開催。

※16　初代 京山幸枝《きょうやまこうし》若《わか》
一九二六〜一九九一年。浪曲師。浪曲師を父母に持ち、幼い頃より修業を重ね、五歳（六歳とも）で初舞台。当初は二代目京山幸玉《こうぎょく》の門下となり、一九四一年、京山幸枝若を名乗る。

阿武松は実在した力士で、その四股名がいまでも残っています。

ですが、モデルとなった当時の阿武松は、大食漢でもなんでもなかったそうです。

力士への幻想と、講談のフィクション性とがあいまって、大メシ食らいの男が力士になるという逸話が後世にまで受け継がれてしまったわけですね。しかも、いまでもその名を継ぐ阿武松親方が実際にいらっしゃる、というのが面白いところです。

逆に、昭和の時代には、落語好きの力士が、『花筏』[※17]という噺に登場する四股名にあやかって、実際に花筏と改名したこともあったそうです。

この『花筏』、いまでは落語のメジャーな演目ですが、もとは講談の『飛び入り間違い相撲』という読み物が由来となっています。

私としては、いつか相撲への想いも込めまして、自分なりの『飛び入り間違い相撲』ができたらなと思っています。

※17 『花筏《はないかだ》』
提灯屋の七兵衛を相撲の親方が訪ねてくる。看板力士の花筏が病気なのだが、銚子での相撲興行を請け負った。七兵衛は花筏と顔も体も瓜二つ、相撲は取らなくていいので一緒に銚子に来てもらえないかと頼みにきたのだ。七兵衛は手間賃もくれるというので引き受けたが――。

第七章に出てくる講談のあらすじ

江戸時代、十一代将軍・家斉の治世の寛政期（一七八九年〜一八〇一年）は、人気力士が多く輩出された相撲の充実期である。『寛政力士伝』は、四代目横綱・谷風梶之助、五代目横綱・小野川喜三郎、最高位は大関ながら、誰もが強さを認める雷電為右衛門を中心に、その時期の人気力士たちが登場する銘々伝である。

この章に登場する力士伝より三つの読み物のあらすじを紹介する。

『谷風の情け相撲』は、谷風の人情の厚さを物語る一席。小兵力士の佐野山《さのやま》は父親の看病と薬代などの支払いに追われる日々で、まったく相撲に勝てない。そのことを知った谷風は、千秋楽に佐野山との取組を願い出る。対戦は勇み足で佐野山の勝ち。横綱を破った大金星で佐野山の暮らしは楽になった。

『小田原遺恨相撲』では、伊豆下田に荒岩大五郎という素人相撲の力士がいて、江戸相撲が近年、相州小田原で興行がないのは荒岩を恐れて来ないからだ、という噂を聞いた横綱・谷風はすぐに小田原に乗り込む。宿泊先に荒岩に亭主を土俵で殺された女房とその息子が訪ねてきた。自分に横恋慕した荒岩が断られた腹いせに投げ殺したそうだ。谷風は怒り、弟子の雷電は荒岩と対戦し、腕を折ってしまった。

『阿武松』は、大メシ食らいの力士の話。力士が親方から破門され、身を投げて死ぬ前の最後の晩餐を宿屋で食べることに。相撲好きの主人に事情を話すと、錣山《しころやま》親方を紹介される。錣山は素質を見抜き、力士はトントン拍子に出世。元の親方にも勝ち、六代目横綱「阿武松緑《みどり》之助《のすけ》」と名を改めた。

両国国技館

東京都墨田区横網1—3—28

■ＪＲ総武線《両国駅》より徒歩2分

日本の国技である大相撲の興行のための施設。相撲興行が開催されないときは、他のスポーツや音楽などのイベントにも使用されることがある。

初代国技館は、天保四年（一八三三年）から相撲興行が毎場所、本所回向院で催されていたことから、明治四十二年（一九〇九年）に、境内に造られた。日本初のドーム型鉄骨板張洋風建築は、東京駅の設計で有名な辰野金吾と、弟子の葛西萬司によるもので、「大鉄傘」の愛称で親しまれた。火災、震災、戦災で三度の焼失ののち、太平洋戦争後はＧＨＱの接収などにより、蔵前国技館を建設、昭和二十五年（一九五〇年）、大相撲の本場所が行われるようになった。このときはまだ仮設で正式な完成は昭和二十九年（一九五四年）のことであった。建物の老朽化に伴い、現在の両国に移ることとなり、昭和六十年（一九八五年）一月場所から使用されている。なお、蔵前国技館は昭和五十九年（一九八四年）に閉館した。

※詳しくは https://ryogoku-kokugikan.jp

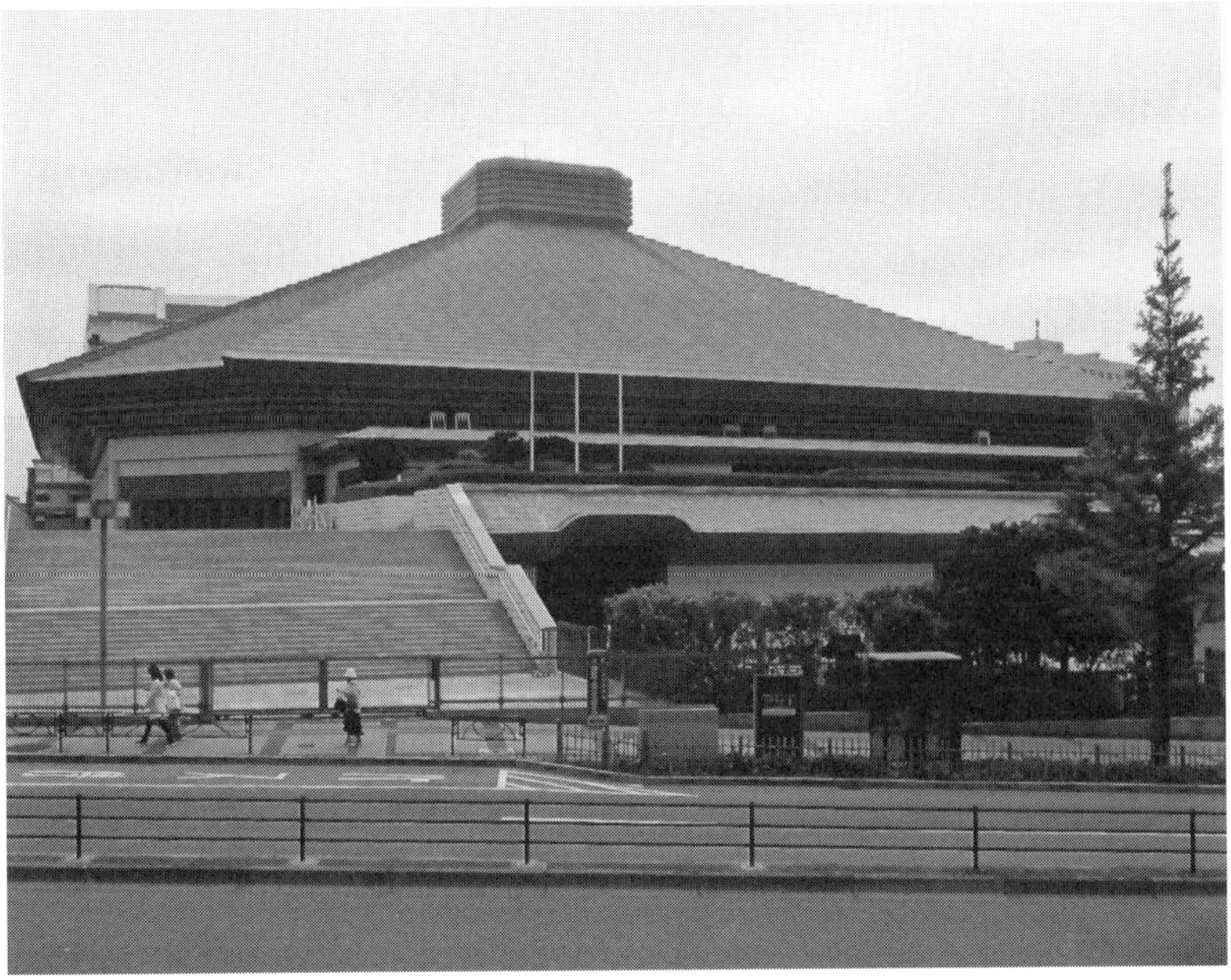

© 松竹

第八章＊歌舞伎座での新たな邂逅

二〇二二年九月二十八日、歌舞伎座で師匠・神田松鯉と私の親子会となる「神田松鯉・神田伯山 歌舞伎座特撰講談会」を開催していただきました。

この日は、師匠の傘寿《さんじゅ》（八十歳）の誕生日でもありました。また、師匠は短い期間ではありますが、かつて歌舞伎役者の二世中村歌門[※1]丈の弟子でしたから、歌舞伎座との縁もあります。

さらにさかのぼれば、歌舞伎座の舞台に講談師が出演したのは、大正十四年（一九二五年）の十一月、二代目大島伯鶴先生以来、じつに九十七年ぶりのことだそうです。ちなみに同じ年の八月には、私が名跡を継いでおります三代目の神田伯山[※2]先生も上がっているそうです。

いまでも歌舞伎以外の人間が歌舞伎座に出演するのは、そう簡単なことではありません。ただ、当時の歌舞伎界というのは、新たな演劇や映画の劇場が台頭するなか、ひときわ格式を重んじていましたから、その本丸ともいえる歌舞伎座への出演は、いまよりも何段もハードルは高かったと想像します。

その後、昭和の時代にも、たとえばある女性大物歌手の方が歌舞伎座

※1　**二世中村歌《なかむらか》門《もん》**
一九一三〜一九八九年。歌舞伎役者。五代目中村歌《うた》右衛《え》門《もん》に入門、一九二五年、初舞台。一九三三年、前進座に入座。一九六五年、退座し、翌年、六代目中村歌右衛門門下に。

※2　**三代目神田《かんだ》伯山《はくざん》**
一八七二年〜一九三二年。講談師。一八八三年、二代目伯山に入門。一九〇四年、三代目伯山襲名。侠客物を得意とし、とりわけ『清水次郎長伝』は、多くの観客を虜にし「次郎長伯山」の異名をとった。周囲八丁のお客を集めてしまうほどの人気ぶりで「八丁あらし」とも呼ばれた。

でリサイタルを開いたときには、歌舞伎関係者が「(舞台)板をカンナで削れ」と言って非難した、などという噂もあったぐらいです。もっとものこの場合は、芸だけでなく、女性であるという点にも物言いがついたのかもしれませんが。その真偽はともかく、歌舞伎座にはそのように権威をまとっていた歴史性があるわけです。

寄席演芸との相性

近年の歌舞伎座での落語会なども振り返ってみますと、やはりある世代までは歌舞伎座という場所に対して、どこか仰ぎ見るような感覚があったように思われます。

ただ、そうした感覚も、いまは少し変わってきたかもしれません。

私たちの世代ともなると、たしかに歌舞伎座は歌舞伎役者さんたちにとっての大切な城ですが、寄席芸人にとっても寄席や演芸場など守るべき城がある。そこはともに素晴らしいものとして、同じ視線で眺めるようなスタンスになっている気がします。

そもそも歌舞伎座のように客席数が多く、間口も広い劇場は、寄席演芸に向いているとは言いがたい側面もあります。

講談について言えば、自然に楽しんでいただくには、二百席から三百席ぐらいの規模がマックスではないかと。実際、私は桂枝雀師匠[※3]の七回忌追善落語会を歌舞伎座の三階席から見たことがあります。音は明瞭でしたが、高座そのものはやはり距離が遠いなと感じました。

ただ、その枝雀師匠の追善落語会にしても、歌舞伎座に足を運んだという事実が大きいわけですね。言ってしまえば地方の公共ホールでも、同じように大きな会場はあります。ですが、歌舞伎座の場合は、他の歌舞伎役者さんたちが大事にしている場所を、少しお借りするというところに意味があるわけです。

これは歌舞伎座にかぎったことではありません。

これまで京都南座や大阪松竹座、名古屋の御園座でも私の講談会をやらせてもらいました。たとえば花道を使わせてもらったり、舞台に立つ上でも、そこがお芝居の神聖な場所であることについての敬意を常に持っています。

※3　**二代目桂枝雀《かつらしじゃく》**
一九三九～一九九九年。落語家。一九六一年、三代目桂米朝《べいちょう》に入門。一九七三年、二代目桂枝雀を襲名。人気は上方にとどまらず多くのファンを持ち、一九八四年、歌舞伎座にて独演会、翌一九八五年には親子会「米朝枝雀の会」を開く。

同時に、普段、歌舞伎役者の方にはこんなふうにお客さまが見えているのかという視点を得ることで、芝居の見方や、講談での読み方に活かすこともできます。

歌舞伎座が寄席演芸にとってはややスケールの大きすぎる会場とはいえだからこそ、お客さま一人ひとりに満足していただくための工夫は怠らないようにしなければなりません。

当日は、私や師匠にちなんだ紋の入った書割の舞台を建て込んでいただき（ちなみに歌舞伎では、大道具は「飾る」と言いますが）、それぞれ花道も高座への出で効果的に使わせていただきました。また、高座の高さや、見え方、マイクの位置、音響などに細心の注意を払ったのは言うまでもありません。

こうした調整においては、これまで大きなホールで培ってきた経験がすべて活きた気がします。現在の第五期とされる歌舞伎座で、歌舞伎以外の公演が開催されるのは初めてのことでしたから、あらゆるセッティングが歌舞伎のために最適化されています。ですから、歌舞伎座が用意してくださったセッティングのままで高座にあがっていたら、たいへんな目に遭っていたかもしれません。

昼夜二公演でしたので、昼の段階で感じた不具合を、夜に修正したという箇所もありました。たとえば空調の温度です。普段の歌舞伎座の設定は、私にとって少し高いものでしたので、夜の公演では、二度ほど下げてもらいました。

演目は、昼夜ともに同じです。

『赤穂義士伝』の銘々伝より『安兵衛駆け付け』『安兵衛婿入り』を私が読み、さらに休憩を挟んで、外伝の『荒川十太夫』で師匠に締めていただきました。

三席を続けて聴くことで、義士のひとり、堀部安兵衛の若かりし頃から、討ち入りの後日譚まで、一連の続き物として捉えていただくこともできるという構成です。

また、同じ忠臣蔵でも、『仮名手本忠臣蔵』※4に慣れ親しんでいるであろう歌舞伎ファンの方に、このようなかたちで『赤穂義士伝』を提示す

※4 『仮名手本《かなでほん》忠臣蔵《ちゅうしんぐら》』 一七四八年、大坂竹本座で人形浄瑠璃として初演された演目。二世竹田出雲、並木千柳、三好松洛による合作。同年、歌舞伎でも上演。以後、現在に至るまで人気の高い演目として上演され続けている。忠臣蔵の史実を、南北朝時代の物語に置き換えている。

ることに意義があります。

これは師匠がよくおっしゃることで、三百席以上ある『赤穂義士伝』には、滑稽な読み物もあれば、感動する読み物もあります。そうした幅広さ、懐の深さが、いま挙げた三席に集約されているとも言えるからです。

講談の歌舞伎化

当日の高座を思い起こしますと、昼の部では、空調のこともあり、途中でペース配分を見失いかけたのですが、それが結果、若き安兵衛のあがきのようなものともシンクロし、最終的には自分のペースを取り戻すことができました。

その流れがかえってグルーヴ感を生んだようで、完成度としては夜の部のほうが高かったと思うのですが、勢いとしては昼の部のほうがお客さまを巻き込むことができたような気がします。

その一方で、師匠の高座はさすがなものでして、歌舞伎座への想いはさまざまあったと思うのですが、まったく気負いなく、泰然自若としたものでした。むしろ特別な興行で少し高揚されているであろうお客さまをなごませ、笑わせ、さらに泣かせるという。

また、誕生日ということもあり、その神輿にきちんと乗っかってくださるのです。師匠のやさしさ、明快さ、人間としての大きさが、歌舞伎座のスケールにぴったりで、お客さまも幸せな気分になられたのではないかと思います。

大正、昭和、平成と時代を経て、令和の現在に、再び歌舞伎座の舞台に講談師が上がる。それも、長年、講談界を支えてきた人間国宝でもある師匠・松鯉が、まだお元気なうちに歌舞伎座の舞台に上がり、素晴らしい高座を務められたことは、講談界復興のわかりやすい一里塚になるのではないでしょうか。そういう晴れの舞台に、私もともに出演できたことはたいへん光栄でした。

そして、さまざまな方のお力添え、ご来場いただいたお客さまに感謝しつつ、師匠自身が喜んでおられたということが、なによりも私にとってはうれしいトピックでした。

トークコーナーでは、歌舞伎俳優の尾上松緑[※5]さんも出演してくださいました。

そもそもが、松緑さんのご尽力もあっての歌舞伎座公演でもありました。というのも、松緑さんの肝煎りで、師匠の『荒川十太夫』が新作歌舞伎になるというところから始まった話でもあったからです。

その歌舞伎版の『荒川十太夫』は、講談会の翌月より歌舞伎座の「十月大歌舞伎」にて上演され、たいへん好評を博しました。

上演前から、松緑さんが、新作でありつつも昔からある芝居であるかのように見せたいとおっしゃっていまして、まさにその意図がハマっていました。物語も、衣裳も大道具、小道具も、すべて古典の拵《こしら》えではあるのですが、廻り舞台の使い方や照明の見せ方の工夫は現代的で、初心者でもスッと入っていける。

講談のお客さまもずいぶんと観に行かれたようで、いい橋渡しができた気がします。

かつて講談と歌舞伎の演目交流は盛んであったと聞きます。いまでも

※5　四代目尾上松緑《おのえしょうろく》
一九七五年〜。歌舞伎役者。初世尾上辰之助《たつのすけ》（三世尾上松緑追贈）の長男。一九八〇年、本名で初お目見得。一九八一年、二代目尾上左近を名乗り初舞台。一九九一年、二代目尾上辰之助襲名。二〇〇二年、四代目尾上松緑襲名。舞踊家としても祖父、父の後を継ぎ、一九八九年、藤間流家元・六世藤間《ふじま》勘右衛門《かんえもん》を襲名。

※6　『らくだ』〈146ページ〉
上方落語の演目のひとつ。「らくだ」というあだ名の男がフグに当たって死に、その葬式を出してやろうと兄貴分の半次が、通りかかった屑屋の久六を家の中に呼び込み、さまざまな無理難題を言い付ける。

※7　『文七元結《ぶんしちもっとい》』〈146ページ〉
今も語り継がれる多くの創作落語を作り上げた初代三遊亭圓朝による人情噺。『人情噺文七元結』として歌舞伎でも人気演目のひとつとなっている。

『らくだ』[※6]や『文七元結』[※7]といった落語が元になった演目が歌舞伎座にかかることは多いですが、これを機に講談由来の歌舞伎が上演される機会も増えればいいなと思います。

少し前には、私もいま講談の連続物として取り組んでいる『徳川天一坊』[※8]が、やはり歌舞伎座で上演される機会がありました。やはり松緑さんが出演され、大岡越前守《おおおかえちぜんのかみ》の役をつとめました。

拝見して気づいたのですが、歌舞伎版では講談とは細かな数字や設定が微妙に変わっている箇所があるんですね。こういったディテールの違いも面白いなと思います。

逆に、松緑さんが息子の尾上左近[※9]さんとご一緒に、私の講談会に来てくださった折に、私の『徳川天一坊』を聴いていただいたこともあります。

これはあとで松緑さんから伺ったのですが、左近さんが、「あ、講釈だとこんなふうに違うのか」といった内容の感想をもらしていたそうです。松緑さんは、リップサービスもあるんでしょうが、「そのあと、

※8 『徳川天一坊《とくがわてんいちぼう》』
神田派では全二十席の連続物講談。八代将軍吉宗のご落胤として現れ、天下を盗み取ろうと企む天一坊とその一味の物語。江戸時代末期、初代神田伯山が得意にした演目で、当時の川柳に「伯山は天一坊で蔵を建て」と詠まれるほどであった。

※9 三代目尾上左近《おのえさこん》
二〇〇六年～。歌舞伎役者。四代目尾上松緑の長男。二〇〇九年、本名の藤間大河の名で初お目見得。二〇一四年、三代目尾上左近を名乗り初舞台。

（『天一坊』の）演出をちょっと変えなくちゃと思いました」なんてことをおっしゃってくださいました。

かつて、七代目市川團十郎[※10]が、二代目伊東燕凌[※11]の『勧進帳』を聴いて、「山伏問答」に新味を加えたという逸話があります。そういう演者同士の交流をいまの時代にもできているのだとすれば、こんなにうれしいことはありません。

私見ですが、ここにはコロナ禍の影響もあるのではないかと思います。コロナは伝統芸能全般に等しく危機感を与えましたから、そのことで、横のつながりといいますか、ジャンルを超えて手を携える意識が芽生えたようなところもあるかなと。

以前、兵庫県立美術館でボストン美術館所蔵の武者絵を鑑賞したことがあります。「THE HEROES 刀剣×浮世絵」という企画で、伝説や軍記物語など、講談や歌舞伎の題材となった武者絵が数多く展示されていました。

それらを見ていると、いまさらではありますが、日本の古典芸能は縦横無尽に影響を及ぼしあっていること、網の目のようにつながっている

※10 七世市川團十郎《いちかわだんじゅうろう》 一七九一～一八五九年。江戸時代の歌舞伎役者。一八〇〇年、十歳で市川團十郎を襲名。一八三二年、息子に八代目市川團十郎を継がせて、自分は五代目市川海老蔵《えびぞう》を襲名する。この時、市川宗家の荒事を選び、「歌舞伎十八番」を制定。一八四〇年、『勧進帳』を初演した。

※11 二代目伊東燕凌《いとうえんりょう》 一八〇一～一八五五年。講談師。初代燕凌に入門。一八二九年、二代目伊東燕凌を襲名。歌舞伎役者の七世市川團十郎が市川宗家のお家芸として制定した歌舞伎十八番のうちのひとつ『勧進帳』の中で、富樫左衛門が山伏の故実を弁慶に問いかける「山伏問答」があるが、この問答のやりとりの調子は燕凌の講談を聞いて新味を取り入れた工夫という。

ことを実感しました。

現代人に響く役者伝

歌舞伎役者を主人公とした役者伝として、私は『中村仲蔵』[※12]や『淀五郎』[※13]といった読み物を持っています。

どちらも、客時代から好きな読み物でした。

共通して同じ初代中村仲蔵が登場しますので、独演会などでは、続けて読むということもよくします。

歌舞伎の話ですから、当然、芝居小屋が舞台です。ただし、江戸歌舞伎の話ですから、いまの歌舞伎座とはまた、雰囲気が違うのですね。

少し前のこと、中村勘九郎[※14]さん主演で『忠臣蔵狂詩曲《ラプソディー》№.5《だいごばん》 中村仲蔵 出世階段《しゅっせのきざはし》』（NHK BSプレミアム）というドラマが放送されました。

このドラマ、セットとして、仲蔵の時代の芝居小屋をかなりこだわって再現していました。

それを見ても思ったのですが、とにかく客席が近いのです。

※12 **『中村仲蔵《なかむらなかぞう》』**
家柄も血筋もない役者・中村仲蔵が最高位「名題《なだい》」まで登りつめ『仮名手本忠臣蔵』で振られた役が、五段目の端役、斧定九郎《おのさだくろう》だった。この端役に工夫を加えてこれまでにない定九郎像を作ろうとする。工夫を加えたことで伯山の代表作のひとつとなっている演目。

※13 **『淀五郎《よどごろう》』**
下回りの役者、沢村淀五郎は、座頭の市川團蔵《だんぞう》に抜擢、「名題」となり、『仮名手本忠臣蔵』では四段目の塩冶判官《えんやはんがん》を演じるが、大星由良之助《おおぼしゆらのすけ》役の團蔵は花道から近づいてこない。屈辱感から淀五郎は死を覚悟するが、中村座の座頭、中村仲蔵に教えを乞い、翌日、見違えるような判官を演じる。

※14 **六代目中村勘九郎《なかむらかんくろう》**
一九八一年～。歌舞伎役者。一九八六年、波野雅行で初お目見得。一九八七年、二代目中村勘太郎の名で初舞台。二〇一二年、六代目中村勘九

現在の歌舞伎座でも、一階席は舞台に近いわけですが、当時はもっと心理的に舞台と客席が密着していたようです。いまよりもより大衆的といいますか、歌舞伎ではありますが、イメージとしては、寄席のような空間を思い浮かべたほうが近いのかもしれません。

歌舞伎役者のあり方も、江戸時代ですから、いまよりもずっと荒くれ者であったのだろうと想像します。

私の『淀五郎』などもけっこう激しい読み口ですが、師匠からは「役者というのは、もう少し品がいいものだよ」と言われたこともあります。

師匠は歌舞伎の役者修業もされていましたから、その経験も踏まえた上でのアドバイスなのでしょう。実際、九世市川團十郎※15などの演劇改良運動以降、歌舞伎は、格式や品というものをとても重んじるようになりました。その流れが、現代にまで続いているのだと思われます。

ただ、さまざまな解釈がありつつ、『仲蔵』や『淀五郎』は、江戸歌舞伎を生きた役者です。しかも、仲蔵は血筋のないなかで這い上がった人間なのです。そのなりふりかまわぬひたむきさ、というところに私と

郎襲名。父は十八世中村勘三郎。NHK大河ドラマ『いだてん』では主役を演じ、人気を博す。

※15 **九世市川團十郎《いちかわだんじゅうろう》** 一八三八〜一九〇三年。明治時代の歌舞伎役者。一八四五年、初舞台。一八七四年、九代目市川團十郎を襲名。荒事、和事、立役、女形と幅広い役を演じ、そのどれもが優れたもので、多くの演目の型を完成させたことから「劇聖」と呼ばれる。

しては重きを置いて読むようにしています。

そうすることで現代のお客さまの心にも響く、という手応えもあるのです。

『仲蔵』も『淀五郎』も役者の話ではありますが、言ってみれば、仕事で闘っている職業人の話です。彼らは御見物という名の世間を相手に、自分の智恵や身体を使って結果を出すしかない。

そこであがき、奮闘する人間の物語だからこそ、あらゆる職種でがんばっている人たちの心を打ったり、勇気を与えたりすることができるのではないでしょうか。


つまり、師匠に教わったとおりにやることも大事ですが、『仲蔵』や『淀五郎』に関しては、かなり私の解釈や意志が込められています。

たとえば『仲蔵』であれば、本来、師匠に助けられ、女房に支えられて——という話でもあるのですが、私は、仲蔵がひとりで苦悩し、工夫を凝らし、局面を打開していく、というかたちにしています。芸事というのは、本質的に孤独なものだと思うからです。

歌舞伎はチームプレイでもありますが、血筋のない役者ですから、仲蔵は無惨な扱われ方をします。這い上がるためには、御見物を納得させて、人気という結果を出すしかない。そのためにはなにをすればいいのか――という点を突き詰めることこそが、私にとって役者伝を読むための足がかりでした。

結果、私のYouTubeチャンネルで公開している『中村仲蔵』の動画は、現時点で百九十万回以上再生されています（二〇二三年六月現在）。講談ファン、演芸ファンという枠組みを超えて、マスに響く『仲蔵』になったのではないかと思います。

もちろん、このやり方がずっと正解だとは思いません。四十代を迎えて、まだまだ私の『仲蔵』も『淀五郎』も変化していくことでしょう。

第八章に出てくる講談のあらすじ

　二〇二二年、歌舞伎座芸術祭十月大歌舞伎で上演された『荒川十太夫』は、四代目尾上松緑が企画し、伯山の師匠・神田松鯉の口演を題材にして作られた新作歌舞伎。

　昭和初期に出版された講談全集の「赤穂義士外伝」の中に収められていたのを、松鯉がみつけた演目だそうだ。その書籍に収録されていた演者はくしくも初代松鯉だった。松鯉は初代の演出通りに演じて、それを伯山にも伝えた。

　赤穂義士の吉良邸討ち入りが終わり、松平隠岐守《おきのかみ》の屋敷に預かりになった義士たちが切腹と決まり、その介錯人に徒士《かち》という身分の下級武士、荒川十太夫が腕を見込まれ抜擢される。

　義士の一人、堀部安兵衛の介錯の際、安兵衛から名前と役職を尋ねられた十太夫は、軽輩の自分が介錯しては失礼と思い、物頭役という高い身分を偽ってしまう。

　義士の七回忌の宝永六年（一七〇九年）、泉岳寺で、松平家の目付役、杉田五左衛門《すぎたござえもん》は、十太夫が物頭役の身なりで供をつれている姿を見咎める。武士の身分詐称は重罪である。隠岐守直々の取り調べで十太夫は介錯の際に安兵衛についてしまった嘘を苦悩しており、毎年の義士の忌日、泉岳寺の安兵衛の墓参の折には、内職で貯めたお金で物頭役の身なりを整えて出かけ、供となる奴を雇い、寺に御経料を納め、墓前で詫びていたという。

　十太夫は切腹を願い出るが、隠岐守は「忠義の赤穂義士への言葉を偽りにしてはならない」と言って、十太夫を物頭役に任じた。十太夫は本当の物頭役となって、安兵衛の墓前に自らの出世を報告したのだった。

歌舞伎座

東京都中央区銀座4-12-15

■東京メトロ日比谷線・都営浅草線《東銀座駅》直結

明治二十二年（一八八九年）、当時の東京市京橋区木挽町に開場して以降、幾度もの災禍に見舞われ、改修と建て替えを経て、現在の歌舞伎座は第五期目。太平洋戦争後、わずかな外壁を残して焼失した劇場の復興工事が昭和二十五年（一九五〇年）に完了、翌年に興行を再開したのが第四期で、昭和・平成期の数々の名舞台を繰り広げたが、建物の老朽化に伴い耐震性の問題やバリアフリー対応の必要性により、建て替えが検討され、二〇一三年二月末竣工、四月から柿葺落《こけらおとし》興行がスタートし、現在に至る。新しい建物の設計・監理は株式会社三菱地所設計と隈研吾《くまけんご》建築都市設計事務所によるもので、高さ一四五m、地上二十九階の歌舞伎座タワーが併設された。

二〇二二年十月、神田松鯉の口演による講談『荒川十太夫』が、竹柴潤一の脚本、西森英行の演出、尾上松緑の主演により新作歌舞伎として上演され大きな評判を呼び、第五十一回大谷竹次郎賞を受賞、第七十七回文化庁芸術祭賞優秀賞をこの演目の成果により歌舞伎座が受賞している。

※詳しくは https://www.kabuki-za.co.jp

伯山

第九章

いまを生きる寄席の魅力

いまでは「寄席」というと一般に落語席を指しますが、かつては講釈場と呼ばれる講談の寄席がありました。義太夫※1などの芸をメインとする寄席もありました。

それぞれに隆盛があり、また、盛り場に寄席がつきものと言われるほど、軒数の多かった時代もありました。

そうした時代を経て、現在、いわゆる落語定席《じょうせき》の寄席を数えれば、東京には四軒。古い順に、上野鈴本演芸場、新宿末廣亭、池袋演芸場、浅草演芸ホールがあります。

さらに、永谷《ながたに》系の演芸場※2や、国立演芸場を加えてカウントする場合もあります。

寄席では、落語や講談、浪曲、さらには太神楽《だいかぐら》や漫才、紙切り、奇術といった色物まで、多種多様な演芸を鑑賞することができます。

一見バラバラですが、主任※3に向かってバトンをつなぎ、盛り上げていくというチーム戦の趣もあります。その上で、演者は個人でも成績を残さなくてはならない。非常にユニークなエンターテインメント興行であると、私は思います。

※1 **義太夫《ぎだゆう》**
竹本義太夫が作った浄瑠璃の一種。主に人形浄瑠璃文楽の語り物音楽に用いられる。

※2 **永谷系の演芸場**
209ページ参照。

※3 **主任**
寄席興行の最後＝トリの高座を務める人のこと。

しかも、入場料が安い。割引だと一五〇〇円から、通常でも三〇〇〇円程度です。

この値段で、小屋によっては、昼から夜までずっと居続けることができます。

ビジネスとしてはどうかしていますが、それでも値段を上げないところに、私は大衆演芸の美学を感じます。

寄席の若返り

しかし、あらゆるエンターテインメントがコロナ禍の影響を被るなか、寄席も例外ではなく、深刻な経営危機に陥る可能性が出てきました。

とりわけ緊急事態宣言が発令され、あらゆる公演が自粛となった二〇二一年は厳しく、落語協会と落語芸術協会が音頭をとるかたちで、寄席支援のクラウドファンディングが行われました。

その結果、なんと一億円以上ものご支援をいただくことができたのです。

寄席演芸の一翼を担う者として、とてもありがたいことでした。

ただ、私が思うに、やはりいちばんの支援は、普段から寄席に足を運んでいただくことなんですね。

少し残念なのは、寄席ファンにご高齢の方が多かったということもあり、コロナ禍の時期はこの層のお客さまが、ガタッといらっしゃらなくなったことです。

その反面として、明るい兆しもあります。

客層が若返っているのです。

少なくとも私も所属する落語芸術協会の寄席に関しては、演者側においても若手の出番が増えたということがあり、より、この傾向が加速しています。

私や、私と同世代の落語家が寄席の主任を務める機会も増えました。

従来であれば二十年ぐらいかけて起こるはずの変化が、ここ数年で一気に押し寄せてきたような感覚があります。

教育機関としての役割

寄席は、寄席芸人の教育機関としての役割も持ちます。私も寄席での前座修業を積みました。

ちなみに私は、日本講談協会のほかに、落語芸術協会にも所属しているので、鈴本演芸場以外の寄席に出演します。

じつは入門時、師匠（神田松鯉）からは、日本講談協会だけの所属になると言われていました。私としては、寄席に入らなければ稽古の時間が増えますから、それでもかまわないと思っていました。ただ、結果的に落語芸術協会にも所属することとなり、寄席にも出るようになりました。

寄席に出たことでよかったのは、他流試合の経験を積めたことです。講談も落語と同じく、前座から二ツ目に上がるまでの期間はだいたい四年ほどとなります。自然、同期の落語家さんとの仲間意識も芽生えます。

ただ、同時に、落語とは明確にジャンルが異なるという感覚も強く持っていました。

まず単純に、講談と落語では話の性質が違います。

そして大きな差を感じたのが、落語界には寄席で落語家が成長していくための道筋というものが、明文化こそされていませんが、存在しています。しかし、講談にはそのようなカリキュラムがないのです。

「開口一番でなにを読むべきか」

「寄席の十五分をどう使うべきか」

そういったセオリーすら、あまり整備されていない状態です。少なくとも、私はこれらの回答を自分でイチから考えていく必要がありました。

これが講談のための講釈場でしたら、まずは「『三方ヶ原軍記』[※4]のような軍談を読めばいい」という教育となるでしょう。

ただ、講談ファンが集まる講釈場ではそれでよいのですが、落語がメインの寄席で『三方ヶ原』を読んでも、お客さまはそれを求めていないわけです。

なので、寄席に対しては、私なりに読み物の選定から時間の使い方までいろいろと試行錯誤を重ねていく必要がありました。

結果、そのことが大いなる糧となりましたし、テレビ番組のようなアウェーの現場でも役立ちました。

※4 『三《み》方ヶ《かたが》原《はら》軍記《ぐんき》』 ほとんどの講談師が最初に教わるもので、修羅場を読み上げて独特の調子を学ぶのに重要とされている読み物。一五七二年の武田信玄と徳川家康による三方ヶ原の戦いを題材にした軍記物。

いまでも寄席に出ることは好きです。

私が出ることで、後輩の講談師たちも出やすくなる、という効果もいくらかあると思います。

振り返れば、講談界が講釈場を失った要因のひとつに、人気の出た講談師が講釈場に出なくなってしまったから、ということがあります。ワリ（出演料）が安いというのもあるのでしょうが、それ以上に、講釈場を大事にせず、金儲けのお座敷にばかり行ってしまう人気者のことを、仲間内や常連があまりよく思わないという空気もあったようです。人気のある人が出なければ、当然の帰結として、講釈場は廃れてしまいます。

講釈場を失った歴史を知るだけに、私は、寄席という存在に対して、人並み以上に危機感が強いかもしれません。

落語家のなかには、寄席には自分が出なくても誰かが出てくれればいいだろう、というムードも一部あったりしますが、私には、「なくなってからでは遅い」という意識が常にあるのです。

私が寄席で主任を務める際には、二ツ目から色物の先生まで、すべての顔づけで希望を出させてもらいます。もちろん最終判断は席亭がされるのですが、基本的には私の要望を受け入れてくださることが多いです。

僭越ながら、この師匠やこの先生なら、「この流れ、この出番でこそ活きる」というポイントが違う角度からわかる場合もあるんです。

たとえば、三遊亭圓輔[※5]という九十一歳になられる師匠がいます。この圓輔師匠が、まったくお年を感じさせせない落語をされるんです。その素晴らしさたるや――という、このような視点を提示することで、お客さまの楽しみ方も変わってくると思うのです。

正直、自分の主任興行であっても、「仲のいい人に出てもらおう」ぐらいの考えで顔づけをしている方もおられます。でも、それは、お客さまのことを意識していないということでもあるのではないでしょうか。

私は、ベテランの師匠だけではなく、新しい人たちにも光が当たってほしいですし、そういうプレゼンテーションの場とするためにも、自分が責任を持って寄席興行の流れを考えたいんです。一《いち》演者としては、おこがましいのですが、お客さまにもできるだけ満足していただきたい。

※5　**三代目三遊亭圓輔《さんゆうていえんすけ》**　一九三二年〜。落語家。一九五八年、三代目桂三木助に入門。一九七四年、真打昇進。二〇二三年四月現在、落語芸術協会では、四代目桂米丸に次ぐ現役の高齢落語家。

それに尽きます。

寄席は基本的に当日券文化です。その日に思いついて、ふらっと入れます。

そして数時間、浮き世のことを忘れて楽しんで、どこかで一杯ひっかけて帰る――みたいな、そんなふうにしてナマで味わえる娯楽が存在するとは、なんと贅沢なことなのだろう、と客席時代の私は思っていました。

出るほうとしても、同じです。ふらっと来て、やる気は十分ですが、それはお客さまには感じさせずにスッと自分の仕事をする。高尚な芸や、最高峰の芸というよりは、ルーティンだからこその日常的な芸が、そこにはあります。

寄席という場所は知っているけど、少し遠い世界のことに感じられる方もいらっしゃるかもしれません。でも、一度お越しいただければわかると思うのですが、本当にごく身近なエンターテインメントなんです。

ハマる人はハマるし、そうでもない方はそうでもない。「この人たちはいったいどうやって食べているんだろう？」なんてことが気になってしまう方もいるでしょう。本当にさまざまな楽しみ方ができますから、気軽に一度、足をお運びいただければと思うのです。

都内の主な寄席の魅力

私が現在、出演する寄席についても、ざっとご紹介しておきましょう。

なんといっても最初にオススメしたいのは、新宿末廣亭です。

ある意味、現存するなかで最も寄席を象徴する存在だと思います。

まず建物自体が魅力的です。とても風情があります。

いまやビルに組み込まれた演芸場も多いなか、木造建築の末廣亭は、木戸をくぐるだけで古きよき時代にワープするような心持ちがします。

それでいて、客席のイスは最新のものであったり、マイクや機材も改良されていたりして、レトロさと最新技術が入り混じっています。左右の桟敷《さじき》席に昔の寄席の名残もありますし、テーマパーク的な面白さもあると思います。

新宿という立地もキャッチーですよね。

コロナ禍前には、深夜寄席に若者が行列をつくることも少なくありませんでした。そういった企画の面でも、寄席の可能性をいろいろと広げてくれる小屋でもあります。

私も、自分が主任を務める興行では、末廣亭および出演者の許可をいただき、楽屋裏も含めたレポートを連日YouTubeにアップするという試みをしています。これがきっかけとなり、寄席に足を運んでくださるお客さまが少しでも増えてくれればいいなと思っております。


客席時代の思い出がいちばんあるのは、断トツで浅草演芸ホールです。通った回数も圧倒的に多いと思います。この浅草という場所もまた、たいへんブランド力がありますよね。

昔は、昼の部は招待券のおじちゃん、おばちゃんが多くて、そのユルい空気がなんとも言えず、好きでした。寄席の醍醐味を気軽に楽しめる場所だと思います。

いまでも浅草演芸ホールに出るときは、比較的、笑いの多い読み物をかけます。お客さまもよく笑ってくれますし、やっているほうも元気が出るんですよね。やや大げさですが、心の癒しを感じるような場所でもあります。

また、浅草はスタッフさんのフットワークもよくて、手前味噌ですが、私の真打昇進襲名披露興行をきっかけに公式ツイッターが開設されたんです。このアカウントの使い方が、じつに上手い。最近はさらに売店に特化したアカウントまで始まりまして、寄席の売店の売り物なんてそれほど種類があるわけではないんですが、これまた面白いんです。

あと忘れてならないのは、浅草演芸ホールには芸人顔負けの人気者がいます。ジロリという看板猫です。このジロリが本当にかわいいので、猫好きも要チェックです。

池袋演芸場は、私にとって地元の寄席となります。

こぢんまりとしていて、比較的マニアックなお客さまが来る印象があります。実際、池袋でベタな読み物をかけると、客席が「それじゃない」という空気になることも少なくありません。

なので、私もできるだけ珍しい読み物を、と思うのですが、なかにはお初となるお客さまもいらっしゃいますから、そこはうまくバランスをとって、読み物をチョイスすることとなります。まだ口慣れていない読み物をまずは池袋で試してみて、いけそうだったらほかの寄席や講談会でもかける、というような使い方をすることもあります。

だからといって、通好みのシブい寄席というだけではありません。池袋はハマったときの爆発力において、すごいものがあるのです。尋常でなくウケたり、爆笑の渦が巻き起こることも多々あります。

狭い演芸場なだけに、一体感が生まれやすいのでしょう。あの多幸感は、池袋ならではですね。

かつて、客の不入りから席亭が池袋演芸場のクローズを検討した際、当時の落語協会の会長であった三遊亭圓生師匠から存続を懇願され、翻意したという話が伝わっています。ですから、池袋演芸場におりますと、ふと、「圓生師匠がこの寄席を守ってくれたんだよな」と思いを馳せることもあります。

最初に述べましたように、このほかにも鈴本演芸場、さらに毎月決まった定席があるという意味で永谷系の演芸場や、国立演芸場などもあります。

鈴本と永谷系の演芸場については、第十一章でまたあらためてご紹介いたしますので、ここでは最後に、国立演芸場について触れておきたいと思います。

といっても、国立演芸場は隣接する国立劇場とともに、二〇二三年十月いっぱいで閉場し、建て直し期間に入ります。再開場は二〇二九年度中の予定といいますから、なかなかの長期計画です。

私としましては、このままいけば新開場の際には四十代半ば。ちょうど脂の乗った時期と重なるとすれば、我ながらそこでがんばれるタイミングだな、と思います。新しく演芸場が建つというのは、やはりワクワクしますし、舞台や楽屋、客席がどのようになるのだろうと期待に胸も膨らみます。

いまの国立演芸場は出演する側としてはもちろんですが、客席時代に神田伯龍※6先生や先の桂文枝※7師匠、桂米朝※8師匠、そしてなにより立川談志

※6　六代目神田《かんだ》伯龍《はくりゅう》
一九二六～二〇〇六年。講談師。一九三九年、五代目神田伯龍に入門。一九四七年、真打昇進。一九八二年、六代目神田伯龍を襲名。国立演芸場以外の寄席に出演することはほとんどなく、独自の場所での口演で芸を守った。

※7　五代目桂《かつら》文枝《ぶんし》
一九三〇～二〇〇五年。落語家。一九四七年、四代目桂文枝に入門。一九五四年、三代目桂小文枝に改名。上方落語における「四天王」（他に六代目笑福亭松鶴《しょうふくていしょかく》、三代目桂《かつら》米朝《べいちょう》、三代目桂《かつら》春團治《はるだんじ》）のひとりと称される。一九八四年、上方落語協会会長に就任。一九九二年、五代目桂文枝を襲名。

※8　三代目桂米朝
一九二五～二〇一五年。落語家。一九四三～一九四四年に作家の正岡《まさおか》容《いるる》の弟子となり、一九四七年、四代目桂米團治に入門、三代目桂米朝を

師匠の会に通った思い出の場所でもあります。

また、おとなり国立劇場の視聴室では、貴重な演芸の映像や音のアーカイブ資料を鑑賞することができます。

国立演芸場の高座の記録など市販されていないものも多くて、かなりマニアックなのですが、商品化されたソフトはあらかたチェックしてしまった人間がプロを目指す一歩を踏み出すのに、あの視聴室はマストかと。逆に、あの視聴室に通っていないやつは見込みがないとすら思うほどです。

新しくなった国立劇場では、ああいった資料の扱いがどのようになるのかも気になるところですね。


名乗る。衰退していた上方落語の復興、継承に奔走し、上方落語「四天王」のひとりと称され、「上方落語中興の祖」とも呼ばれる。

新宿末廣亭

東京都新宿区新宿3—6—12

■東京メトロ丸ノ内線・副都心線・都営新宿線《新宿三丁目駅》より徒歩1分

都内四軒の落語定席のひとつ。二〇一一年に新宿区地域文化財第一号に指定された建物は、提灯や看板がずらりと並んだ近代和風建築で、「これぞ、寄席!」という雰囲気の存在感。

明治三十年（一八九七年）に創業し、堀江亭の名で興行していた寄席を、明治四十三年（一九一〇年）、浪曲師の末広亭清《せい》風《ふう》が買い取り末廣亭とした。

戦災で焼失した末廣亭だが、現在の建物は昭和二十一年（一九四六年）、初代席亭・北村《きたむら》銀《ぎん》太郎《たろう》氏によって建てられた。寄席の趣は場内にもそこここに見られ、二階席の畳敷きは、見やすいように高座に向かって傾斜がつけられている。一階の左右にある桟敷席も畳敷きで、こちらは中央方向と高座方向に傾斜がつけられている。透かし彫りのある欄間や高座下手の床の間など、ディテールまで楽しめる空間である。

神田伯山ティービィーの人気コンテンツ「寄席興行密着」ドキュメントは、ここで撮られている。

※お問い合わせ先　TEL: 03-3351-2974　http://suehirotei.com/

池袋演芸場

⌂東京都豊島区西池袋1―23―1

■JR《池袋駅》西口より徒歩3分

都内四軒の落語定席のひとつ。

昭和二十六年（一九五一年）に開場。昭和四十五年（一九七〇年）、経営不振により廃業を発表するも、六代目三遊亭圓生自ら説得にあたり存続となる。一九九〇年に周辺の再開発と建物の老朽化による建て替えのため一時休業するも、一九九三年現演芸場が完成し興行を再開し、現在に至る。

ここの魅力として多くの人が挙げるのは、空間の狭さだ。座席数は九十二席。最後列の客席からであっても聞こえるのはもちろん、演者の表情、息遣いまでもが伝わってくる。地下にある場内で少人数での密談のような雰囲気になることから「池袋秘密倶楽部」と称することもある。

また、演者の一人あたりの持ち時間が他の寄席よりも長く、他ではかけられない演目を演じるのに好都合な場所となっている。

※お問い合わせ先　TEL: 03-3971-4545　http://www.ike-en.com/

浅草演芸ホール

東京都台東区浅草1−43−12（六区ブロードウェイ商店街中央）

■JRつくばエクスプレス《浅草駅》より徒歩30秒
■東京メトロ銀座線・都営浅草線《浅草駅》より徒歩10分

都内四軒の落語定席のひとつ。

戦前、現在の場所には「三友館」という映画館があり、演芸ホールの創業者・松倉宇七は、そこの支配人だった。昭和二十六年（一九五一年）、三友館跡地にストリップ劇場「フランス座」が開場される。昭和三十四年（一九五九年）、四階・五階を建て増しして、「浅草東洋劇場」開場。そして、昭和三十九年（一九六四年）、落語家・二代目桂《かつら》枝太郎《えだたろう》の勧めにより、フランス座を改装し、「浅草演芸ホール」が開場した。フランス座は、渥美清やビートたけしを輩出している。

ここは、はとバスなどの日帰りバスツアーに組み込まれた団体客も多く、六区の賑やかな雰囲気がそのまま場内にも持ち込まれているような明るさが特徴のひとつ。

また、このホールのチケット売り場によくいる看板猫兼場内の安全係（閉館後のねずみ取り）「ジロリ」は、書籍も出るほどの有名猫（現在休暇中）。

※お問い合わせ先　TEL: 03-3841-6545
https://www.asakusaengei.com/

国立演芸場

⌂東京都千代田区隼町4－1

■東京メトロ半蔵門線《半蔵門駅》より徒歩8分

昭和五十四年（一九七九年）、国立劇場の一部として開場。歌舞伎や文楽といった伝統芸能のジャンルのひとつであることが実感できるシチュエーションだ。閑静な場所に位置し、隣接するのは最高裁判所。講談や落語を楽しむ場所としては極端なギャップがあり、それが逆に面白さを醸し出している。三〇〇席設けられた客席は、基本的に指定席で販売され、当日券だけでなく前売り券の用意があるので、当日、時間を気にせず来場できるのがありがたいシステムだ。

落語協会と落語芸術協会が月毎交替に、上席《かみせき》（一～十日）、中席《なかせき》（十一～二十日）を担当し、二十一日以降は、協会の枠を越えた公演が楽しめるのも、この劇場ならでは。

二〇二三年十月末に閉場後、再開場は二〇二九年度中を予定している。六年かけて再整備が行われ、民間経営のホテルやレストラン、カフェ、ショップが併設されるほか、伝統芸能を体験できる参加型の展示も予定されている。誰でも出入りできる「グランドロビー」を新設し、国際的な文化観光拠点を目指す。

※お問い合わせ先 TEL: 03-3265-7411
https://www.ntj.jac.go.jp/engei.html

第十章

日光東照宮で想う 江戸の講釈

日光江戸村で伯山襲名披露とラジオイベントを兼ねた独演会をやらせてもらったことがあります。

二〇二一年の年末のことでした。本来は、前年の襲名直後のタイミングで予定していたのですが、コロナ禍でいったん延期となり、このタイミングで実現に至りました。おかげさまで満員御礼。感染拡大も収まっていた時期でしたので、江戸村には子どもたちの姿も大勢ありました。潑剌と楽しんでいる様子に、こちらまでうれしくなりましたね。

正式名称は「江戸ワンダーランド　日光江戸村」というのだそうです。創業は、一九八六年。

けして派手な乗り物系のアトラクションなどがあるわけでもないのに、こうも長くお客さまを集め、満足させているのはどうしてなのだろうと思っていましたが、行ってみてわかりました。

ずばり、人の魅力なのです。「江戸人」と呼ばれるキャストの方が二百名ぐらいいて、この方たちが皆、すごい。それぞれ江戸の人間になりきり、お客さまを楽しませようという精神に溢れているのです。

また、武芸であれば小笠原流[※1]を踏まえていたり、町火消であれば江戸

※1　小笠原流
礼儀作法の流派として一般に知られているが、本来は、弓術、馬術などの武家故実全般を含む礼法の流派。

時代から実在する「千組[※2]」の資料が揃えてあったりと、ディテールも本物にこだわっているんですね。

食べ物も昔ながらのものを取り揃えていて、しかも美味しい。

この「美味しい」というところがポイントです。

たとえ昔ながらのものに見せていても、現代的な味付けや工夫がしてあるのです。

ネタに残る左甚五郎伝説

ともに日光を盛り上げようということで、日光東照宮との関係もよいそうです。

実際、二ヵ所をハシゴして観光する方も多いと聞きます。

私も江戸村とあわせて、東照宮へも足を延ばしました。中学校の修学旅行以来です。

ひととおり名所見物的なことは当時もしましたが、改めてこの歳で、しかも神職の方にガイドしてもらいながら拝観すると、見え方が変わり

※2 千組
八代将軍・徳川吉宗の治世、儒学者・荻生《おぎゅう》徂徠《そらい》の意見を入れ、南町奉行・大岡越前守が設置令を出し、町火消が「いろは四十八組」設置された。「千組」はその中のひとつ。

ます。

「見ざる、言わざる、聞かざる」で有名な神厩舎《しんきゅうしゃ》の三猿。あれは前後の猿の彫刻もセットで一連の物語になっており、三猿はその一部なのだということを、今回初めて知りました。

一方で、東回廊の眠り猫は、印象が変わりませんでした。懐かしさすら感じたほどです。左甚五郎[※3]が彫ったという伝説もありますから、さぞかしすごいものなのだろうと期待するんです。でも実際は、思いのほかこぢんまりとした猫なのです。

まあ、いまほど娯楽のなかった時代には、これを現地で実際に見るという行為自体にも感動があったのでしょう。

ちなみに、私が訪れた際、陽明門《ようめいもん》は改修中でした。数年前に大規模な修繕を終えたそうなのですが、まだ少し手直しが必要とのことだったのです。いまは修繕後の美しい姿が見られることでしょう。

講談には『陽明門の間違い』という読み物があります。

そのなかで「左甚五郎」という名前の由来が語られます。これが、右

※3 **左甚五郎《ひだりじんごろう》**
189ページ参照。

腕を斬り落とされたが、残りの左腕だけでいい仕事をしたから、というささか血の気の多いもの。いや、じつは左利きだったからという説もあり、真相はわかりません。そもそも左甚五郎が実在したかどうかも定かではない。

ただ、甚五郎にまつわる講談はいっぱいあります。歌舞伎にも甚五郎の作った木彫り人形が動き出す『京人形』※4という舞踊劇がありますし、浪曲にも甚五郎が出てくる演目が多くあります。

なかでも、現代まで左甚五郎の名が語り継がれているのは、落語の力が大きいかもしれません。

講談においても名人は大勢いたはずですが、資料も音源も少ない。そこへいくと、落語であれば、名演と謳われている三代目桂三木助※5の『三井の大黒』※6など、完成度の高い甚五郎の噺をいまでも聴くことができます。

なにより落語に出てくる甚五郎は、どの噺でもチャーミングだし、笑えるし、とてもいい塩梅なんです。

落語も浪曲も甚五郎の演目は、もとを辿れば講談から移植されたもの

※4 『京人形』
歌舞伎の舞踊劇。『銘作《めいさく》左《ひだり》小刀《こがたな》』の名題で上演される。京都五条の廓の小車太夫に想いを寄せた彫工・左甚五郎は、生き写しの人形を彫る。すると魂が入ったかのように人形が動き出す――。

※5 三代目桂《かつら》三木助《みきすけ》
一九〇二～一九六一年。落語家。六代目春風亭柳橋に入門。一九二七年、真打昇進。一九五〇年、三代目桂三木助を襲名。『芝浜』を得意とし「芝浜の三木助」と呼ばれた。『三井の大黒』も得意で、一九六〇年、生涯最後の高座でかけたのが『三井の大黒』で、出来がよくレコード化された。

※6 『三井の大黒』
古典落語の演目のひとつ。彫工・左甚五郎が主人公の噺。三井家が依頼した大黒さまの彫像を甚五郎が仕上げるまでを巡っての一席。

が多いのです。

ですが、いまは落語界のほうが圧倒的に多勢ですから、量は質に転化します。洗練度合いが違うんです。さまざまな名人たちが工夫を凝らし、くすぐりを入れたりしたものを、さらに大勢の落語家たちが磨き上げている。

その点、講談界はもう何十年もの間、少ない人数でやりくりしているため、読み物のブラッシュアップができていない状態です。かつては技術大国だったのが、科学で遅れをとった国のようになってしまっている。なので、すぐれた技術については、落語から逆輸入することも考えていく必要があると思います。

古いまま磨かれることなく放置されている読み物が多いということは、ある意味、宝の山であるともいえます。が、いかんせんそこに取り組む講談師のキャパが足りていない。

つまり、講談はまだ、本来持っているはずのポテンシャルを十全に発揮できていないのです。

いまはまだ十パーセント程度のイメージです。これが百に近づいたときにはじめて、講談の全盛期がやってくるのかもしれません。

軍書講釈と辻講釈

日光東照宮といえば、東照大権現の神号を贈られた徳川家康を祀る神社でもあります。

この家康の前で、軍書講釈師として赤松法印[※7]という人が『太平記[※8]』や『源平盛衰記』を読んだと伝えられています。

諸説ある内のひとつですが、これを講釈の起源であるという人もいます。「家康の前で」とありますが、はたして盛り上がったかどうかはわかりません。

深井志道軒[※9]という元坊主が張形を手に軍書講釈をして人気を博した、とも江戸の文献に残されています。こちらは当時のさまざまな人の日記にも書かれていますので、人気ぶりはたしかなのでしょう。奇抜なやり方で聴衆を巻き込み、その上で軍談を聴かせるというやりクチは面白いなと思います。

※7 赤松法印《あかまつほういん》
生没年不詳。江戸時代初期の軍書読み。徳川家康や諸大名を前にして『太平記』などの軍談を講じたとされている。「太平記読み」と呼ばれ、「講談」の祖とされる。

※8 『太平記《たいへいき》』
室町時代に成立した軍記物語。南北朝時代の動乱を全四十巻で描いた。物語僧に語られ、江戸時代には「太平記読み」として講釈され、講談の祖となった。

※9 深井《ふかい》志《し》道軒《どうけん》
一六八〇頃〜一七六五年。江戸時代中期の講釈師。真言宗の僧であったが、還俗（僧侶をやめて俗人に戻ること）し、浅草寺観音堂脇で男根をかたどった張形を持って辻講釈をして、江戸庶民に大人気を博したとされる。

往来で講釈をする辻講釈はいまも宝井琴梅[※10]先生などがやっておられますけど、江戸の当時は、まず人の足を止めないことにははじまらなかったのだろうと思います。すると、単純なくすぐりで突発的な笑いをとって、目の前のお客さんをつかむ、ということもしたかもしれない。

　いま、講談は、どちらかといえば一方通行的な芸だと思われていますが、かつてはパフォーマンスとしても、もっとエンターテインメント性が高かった可能性があります。以前、大河ドラマ『青天《せいてん》を衝《つ》け』[※11]に二代目神田伯山[※12]役で出演させてもらい、辻講釈を演じたときにも、そのようなことを思いました。もちろん、当時の辻講釈を実際に見たわけではありませんから、勝手な想像ではありますが。

　一方で、伊東派の祖、伊東燕晋[※13]のように、紋付羽織袴で古式ゆかしい講釈をする人もいたそうです。

　この燕晋が文化四年（一八〇七年）、湯島天満宮の境内に講談の高座をつくったということで、一龍斎貞水先生が二〇〇五年、同じ境内に「講談高座発祥の地」という碑を建てました。

※10　五代目宝井《たからい》琴梅《きんばい》
一九四一年〜。講談師。一九六六年、十二代目田辺南鶴に入門。一九七五年、真打昇進、五代目宝井琴梅を襲名。浅草、川越などで「辻講釈を楽しむ会」を行っている。

※11　『青天を衝け』
二〇二一年にNHKで放送された大河ドラマ。日本資本主義の父、渋沢栄一が主人公。栄一を演じたのは、吉沢亮。第三十七回に伯山が「二代目神田伯山」役で出演した。

※12　二代目神田《かんだ》伯山《はくざん》
一八四三〜一九二一年。講談師。一八五八年、初代神田伯山に入門。一八七〇年、二代目神田伯山を襲名。六十歳を過ぎた一九〇四年、弟子の小伯山に三代目伯山の名跡を譲り、初代神田松鯉を名乗る。

※13　伊《い》東燕晋《とうえんしん》
一七六一〜一八四〇年。江戸時代後期の講談師。伊東派の始祖。湯島天

ただ、講談の高座についても諸説あります。

燕晋よりも前、宝暦の時分に森川馬谷[※14]という人が江戸で最初の講釈場をつくったとされているのです。この講釈場の正面には高座があったと伝わっているので、事実としてはこちらのほうが早かったのではないかと考えられます。

では、なぜ貞水先生は、燕晋の高座を講談高座発祥としたのか。生前、先生ご本人には伺えませんでしたが、関係者に聞いたところ、どうも興行上の言いがかりがついた際、燕晋が奉行所のお白州で高座を設ける権利を訴えて、それを勝ち取ったから、というのが理由のようです。つまり、燕晋がお上に高座を認めさせたのだと。

このとき燕晋が主張したロジックは、東照神君（家康）のご事績を講じるのだから客席と同じ高さでは畏れ多い、というものだったそうです。

前座という仕組み

高座も大事ですが、私は森川馬谷が講釈場に前講《ぜんこう》――いまで言う「前

満宮境内に住んでおり、自宅で講釈をしていたので「湯島の燕晋」と呼ばれた。諸大名に出入りし、十一代将軍・徳川家斉にも召された。

※14 **森川馬《もりかわば》谷《こく》** 一七一四〜一七九一年。江戸時代中期の講談師。馬場文耕の門人。読物を初・中・後の三段に分け、軍書物、御家騒動、世話物のジャンルを確立した。前講をひとり入れて、現在の「前座」のシステムを作った。看板やビラの書き方も考案し、興行形態の発展にも寄与した。

座」の仕組みをつくったことのほうが、アイデアとして重要ではないかと思います。

前座という身分は、下働きをするだけで、たとえ高座に上がっても、木戸銭の勘定には入りません。

このシステムは落語にも影響を与えたかは定かではないのですが。また、落語は落語で、前座と真打の間に「二ツ目」という武者修行期間をつくったことも画期的でした。

かつて講談には二ツ目がなかったので、前座からいきなり真打、というまからすれば乱暴に思える昇進もあったようです。そこに「二ツ目を入れよう」と提案したのが、大師匠（二代目神田山陽）だったと聞いています。

つまり、寄席演芸における「前座」「二ツ目」「真打」という階級は、講談と落語の文化がブレンドされてできたものだったのかもしれません。

上方（大阪）では下働き、年季明けという身分制度はあれど、前座、二ツ目、真打という階級制度は存在しません。よって入門して数ヵ月の人でも、売れればスターになることがありえる。これはこれでよさもあると思います。
ただ、前座、二ツ目を経て、やがて真打へ、というプロセスがあることは、修行における励みになるし、節目節目で名前を売りやすくなるというメリットもあると思います。

私自身、弟子が増えてきたことで、芸の育成について考える機会も増えてきました。

そこで思うのですが、講談では、なにかを教えるときに典拠とすべき「型」が柔軟であるということです。

これが歌舞伎などですと、昔からの型というものが何通りも受け継がれており、迷ったときはそこへ戻ればよい、というふうにできています。ですが、講談において、はたしてそのように明確な軸となるものがあるだろうかと。

たとえば、六代目一龍斎貞山[※15]という人がいます。朗々たる謡い調子で、いかにも講釈中の講釈みたいな、いまの私からすれば、それこそ講談師とはかくあるべしと思うような人です。しかし、当時の文献を読む

※15 **六代目一龍斎貞山《いちりゅうさいていざん》** 一八七六〜一九四五年。講談師。一八八六年、四代目一龍斎貞山に入門。一八九七年、真打昇進、一九〇七年、六代目一龍斎貞山を襲名。口跡の流れるような調子から「水道の蛇口」と称された。三月十日の東京大空襲で被災、死去。

と、「あんなのは講釈じゃない」などと言われていたらしいのです。

六代目貞山の芸でも、当時はケレンだなんだと仲間うちから陰口を言われていた。これは重要なポイントだと思います。

つまり、講談は時代によって変わるということです。

逆にいま、貞山先生のやり方でもって、どこまで大衆に伝わるでしょうか。その時代の型と芸を、その時代ごとのお客さまとともに練り上げていく必要があると思うのです。

歌舞伎のような芸能だって時代とともに変わるといえばそうでしょう。ただ、講談の場合は、よりお客さまの知識や関心に近づけていく工夫や変化が必要となる気がします。

現代に求められる講談の型とはどのようなものか。

私たち講談師はいったいなにを受け継ぎ、なにを伝えていけばいいのか。

それらを逐一、検討していく必要があります。

もちろん細かく言えば、修羅場調子のような細かいテクニックとしての型は存在します。そうしたテクニックを継承するのは当然として、現時点で私が思うのは、読み物です。つまり、「物語」という型。これをどう継承していくか。

私の師匠である神田松鯉は、講談の古い台本にある冗長な面を削りつつも、奥行きを構築するというブラッシュアップを施しています。その師匠の台本をもとに講談を読むということは、松鯉の型で読むということでもある。

いま日本発信で海外を席巻している文化というと、マンガやアニメぐらいではないでしょうか。マンガもアニメも煎じ詰めれば、物語です。日本は物語を世界に輸出しているわけです。

では、その物語を生み出してきたルーツとはなんだと言えば、そこに講談も入るのではないでしょうか。

講談の可能性はまだまだこんなものではないと思う理由が、ここにあります。

第十章 に出てくる講談のあらすじ

　江戸時代初期に彫刻師として活躍したとされ今も名前を残す名工、左甚五郎には、いくつもの話があるが、『三井の大黒』や『竹の水仙』といった、酒好きで職人肌の性格に描かれた甚五郎が、生きているかのような彫り物を作って周りを驚かす落語向きの話と、伯山が愛山から受け継いだ『陽明門の間違い』のような、まるで侠客を思わせる男気のある性格の甚五郎の活躍を描いた読み物がある。人格が大きく異なる甚五郎の人物像であるが、それぞれ「名人」と聞き手が感じるように描かれており味わいが深い。

　『陽明門の間違い』は、江戸時代、三代将軍・徳川家光が日光東照宮の普請を、地元・日光の名工、栗原遠々江《くりはらとおとうみ》に任じたことから始まる。遠々江は名人気質で偏屈な男、二年経っても門は完成せず、家光は天下の御意見番、大久保彦左衛門に命じて甚五郎一門を日光に向かわせた。

　甚五郎の活躍もあり三ヵ月で門は完成し、甚五郎の彫り物の出来の良さに評判が高まる。それが面白くない遠々江は、弟子の滝五郎に甚五郎を斬るように命じる。滝五郎は甚五郎の旅籠に赴き、甚五郎の右腕を斬り落とし、右腕を持ち帰り遠々江に見せる。そして、「甚五郎の右腕を取ったからには、甚五郎さんへの義理立ても」と滝五郎は言うと、遠々江の左腕を斬って、今度は甚五郎のいる宿に立ち帰り、甚五郎に左腕を渡すと自ら腹を切って果てたのだった。

　滝五郎の義侠心に目が覚めた遠々江は甚五郎に詫びを入れ、兄弟分となった。

　甚五郎は左手だけになったにもかかわらず、名人と評判をとる彫り物を作り続け「左甚五郎」の名で歴史に名を残したのだ。

日光東照宮

栃木県日光市山内2301

■東武鉄道《東武日光駅》・JR《日光駅》よりバスで約10分《西参道入口》下車

元和三年（一六一七年）、江戸幕府初代将軍・徳川家康を神格化した東照大権現を祀るために建立された神社。現在の社殿群のほとんどは寛永十三年（一六三六年）に大規模改築が行われた際のもの。御本社、唐門など国宝や五重塔、奥宮、石鳥居など重要文化財が数多く点在し、一九九九年には、世界文化遺産に登録された。

伯山の持っている読み物『陽明門の間違い』に出てくる陽明門（国宝）もその時にできた門で、故事逸話や子どもの遊び、聖人賢人など五百以上の彫刻が施され、いつまで見ていても見飽きないことから「日暮御門」とも呼ばれている。名工として名高い左甚五郎の作とされる「眠り猫」の彫刻は、東回廊（国宝）に、「三猿」の彫刻は神厩舎（重文）にある。なお、「三猿」ばかりが有名であるが、実際は全八面の浮彫画面があり、人の一生の過ごし方を説いた物語になっている。

※詳しくは https://www.toshogu.jp

❶「みざる　いわざる　きかざる」の三猿の彫刻。❷甚五郎作と伝わる彫刻「眠り猫」。

江戸ワンダーランド 日光江戸村

栃木県日光市柄倉４７０－２

■東武鬼怒川線《鬼怒川温泉駅》より路線バスで約15分《日光江戸村》下車

関所をくぐり一歩足を踏み入れると、そこには江戸時代そのものが広がっている。ちょんまげ姿の「江戸人」たちが街を歩く驚きの体験が待っている。昭和六十一年（一九八六年）にオープンした、時代考証に基づいて江戸の街を再現したテーマパーク。

村内では、花魁《おいらん》道中が街を練り歩いたり、南町奉行所での芝居体験、忍者劇場でのアクション、今ではここでしか見ることができない「水芸」など、江戸の息吹を感じるアトラクションが目白押し。

弓矢の道場「矢場」や手裏剣道場（いずれも有料）、子供限定の忍者体験や子供侍体験など実際に体験できるプログラム（無料）もある。

侍や町人に自分も変身して（有料）歩けば、江戸時代の文化を肌で体感できる。元祖ゆるキャラ「ニャンまげ」も村内を歩いていて、見つければ一緒に写真を撮れる。

※個人一般料金５８００円、小人３０００円
詳しくは edowonderland.net

第十一章
失われた講談の城、本牧亭の面影

かつて、講談の本が売れて出版界を盛り上げた時代があったそうです。この本の版元である講談社は一九〇九年創業。社名は講談由来です。しかし、時が流れるにつれ、講談に関する新刊が出ること自体、減っていきます。私が学生の頃には、定評のある本でも古本で探すしかない状態でした。

本というのはある意味、そのジャンルの入り口でもありますから、そこが狭くなっているのは由々しき事態と言えます。

ですが、ここにきて、私の大師匠である二代目神田山陽の自伝『桂馬《けいま》の高跳《たかと》び』が文庫化されるなど、講談の名著が何点か復刊されるという喜ばしい流れがあります。

現時点で最後の講釈場となった本牧亭、ここの席亭だった石井英子[※1]さんの回顧録『本牧亭の灯《ひ》は消えず』という本も絶版となっていたのですが、めでたく文庫となりました。

講談放浪の旅、最後はこの本牧亭にまつわる話で締めくくりたいと思います。

※1　**石井英子**《いしいひでこ》
一九一〇〜一九九八年。日本最後の講談定席として一九九〇年に休場した東京・上野の本牧亭の席亭。一九四八年、上野鈴本演芸場の三代目席亭・鈴木孝一郎が本牧亭を開場させ、席亭として取り仕切り、「おかみさん」として芸人や演芸ファンに慕われる。著書に『本牧亭の灯は消えず席亭・石井英子一代記』（中公文庫）。

本牧亭の来歴

本牧亭の歴史は、江戸時代にまで遡ります。

鈴木龍助《りゅうすけ》という人が上野広小路に「軍談席本牧亭」という講釈場を開場したのが、ことの始まり。安政四年（一八五七年）だといいますから、ペリー来航の四年後です。

ちなみにこの幕末から明治にかけての時期は講談の全盛期で、江戸だけでも講釈場が二百軒以上あったと言われています。

御一新があり、明治に入ると、軍談席本牧亭は町内で少し場所を移します。中身も落語中心の寄席となり、「鈴本亭」さらに「鈴本演芸場」と改称。これがいまでも続き、鈴本は現存する最古の寄席となっています。

この鈴本の三代目席亭となる鈴木孝一郎《こういちろう》さんが、戦後まもなく鈴本の裏手に講釈場として「本牧亭」を再建し、さらにご自分の三女に席亭を任せます。

この三女というのが、先ほど申し上げた石井英子さんです。

その後、四十年の歴史を経て、本牧亭は平成すぐの年、一九九〇年に閉場となります。その翌年に『本牧亭の灯は消えず』が出版されています。

閉場の理由としましては、相続税のことなどもさまざまあったようですが、基本的には、長年続いた客の不入りが大きな要因と言っていいでしょう。

本牧亭を舞台にした小説『巷談《こうだん》本牧亭』で安藤鶴夫[※2]さんが直木賞を受賞（一九六三年）した折など、日の目を見た時期も幾度かあったようですが、ブームは一時的なものに過ぎなかったと聞きます。

在りし日の本牧亭の映像をいくつか見たことがあります。

いつぞやも、閉場間際にビデオ撮影された映像を当時その場にもいらっしゃった宝井琴調[※3]先生がお持ちだったので、お借りして拝見しました。

これが、じつに面白い。

ホームビデオの粗い画質も加味されてか、畳敷きの風情ある建物がと

※2　安藤鶴夫《あんどうつるお》
一九〇八～一九六九年。小説家、演芸・演劇の評論家。義太夫の八代目竹本都太夫の長男として生まれる。戦後、古典落語を再評価して演芸評論の重鎮となる。一九六三年、『巷談本牧亭』で直木賞受賞。

※3　四代目宝井《たからい》琴調《きんちょう》
一九五五年～。講談師。一九七四年、五代目宝井馬琴に入門。一九八五年、真打昇進、一九八七年、四代目宝井琴調を襲名。「暮れの鈴本　琴調六夜」として、年末に上野鈴本演芸場の主任を務める。二〇二三年、講談協会会長に就任。

てもノスタルジックに映っています。ですが、時代としては平成ですから、それほど大昔というわけでもない。かと思えば、本牧亭の下足番だった中村勝太郎《かつたろう》という名物おじいちゃんが「この仕事は昭和三十六年からやってるよ」なんていう話をしていたり。古さと新しさの端境期と言いますか、異空間を彷徨《さまよ》うような不思議な感覚にとらわれる映像なのです。許可をいただいて私のYouTubeチャンネルでも一部公開していますので、皆さんにもぜひご覧いただきたいです。

かつてこの本牧亭があった場所、近年はキャバクラになっていたのですが、最近見に行ったら、隣りのパチンコ屋もろとも潰れていました。コロナ禍の影響でしょうか。世知辛い世の中です。

本牧亭が閉じたあとも、「本牧亭」という名称は近くに場所を移して、受け継がれました。

閉場二年後の一九九二年、料理屋の二階で「池之端本牧亭」。さらに二〇〇二年、料理屋を兼ねるかたちで「黒門町本牧亭」。

私が間にあったのは、この黒門町本牧亭からです。

客時代にも通いましたし、前座時代にもずいぶんとここで勉強させてもらいました。

席亭は石井英子さんの長女、清水孝子《たかこ》さん。キャパは三十人ぐらいでしょうか。本当にこぢんまりとしたところでした。

ふすま一枚で隔てた楽屋で、先生方の着物を畳むのもひと苦労でした。なにせまだ慣れていませんでしたから。また、なぜか高座の途中に客席後方で出演者のワリ（出演料）を封筒に詰めるしきたりになっていまして、よく小銭の「チャリン」という音を立ててしまい、叱られたものです。

そんなダメな前座でしたが、開場前、立派な釈台の前で稽古をするのは、なんともいえず崇高な心持ちがしたものです。

めくり[※4]には、まだ昔の名人たちのものが残っていました。それこそ伯山ですとか、東玉《とうぎょく》、伯龍、ろ山《ざん》――。私はよく、だれも来ていない準備の時間、仕事もそこそこに客席の後ろで足を伸ばしながら、そのめくり文字をボーッと眺めては恍惚としておりました。

そのとき抱いていたのは、ノスタルジーだけではありません。自分も

※4　**めくり**
寄席など演芸場で、高座の横にある現在出演中の芸人の名前が書かれた紙や札のこと。

講談の歴史の一部になったのだ、という闘志のようなものが胸のうちに湧いていました。過去にすがるのではなく、いまを生きないと意味がないわけですから。

五代目伯山と席亭の問答

『本牧亭の灯は消えず』は、私の先代にあたる五代目神田伯山と石井英子さんの、こんなやりとりから始まります。

「旧態依然たる読み物、語り口ではお客様に飽きられてしまう。講談も時代とともに変わっていかなくては」と生意気を言ったんです。「このままでは本牧亭は時代遅れの骨董品屋になってしまいますよ」ってね。

この言葉に伯山さんはカチンときたんです。

「英子さん、こ、骨董品てのは失礼じゃないかい。講談定席の主がそんな考え方をしていたんでは、こ、困るよ。こ、講談はね、五百年の伝統を誇る芸能なんだから、先人の芸を継承していくことも大事なことなんだよ。要は、継承する人の芸が芸になっているかどうかであって、芸にさえなっていればお客はついてくるんだ」

(石井英子『本牧亭の灯は消えず』)

このくだり、初めて読んだときには私もまだ大学生で、若気の至りでトガッていましたから、この伯山先生の発言に怒りすら覚えました。席亭の意見が百パーセント正しい、と。

いまは六代目を継がせてもらいましたので、もう少し言葉を選びます。伯山先生がおっしゃることもわかるのです。

講談がマッチしない時代でもあったのでしょう。景気がよくて、イケイケで、ひたすら前を向いていれば楽しいという時代、講談に風は吹かなかった。

先代の伯山先生は、プロの弟子を多くとりませんでした。いま自分がやっている芸は世間にウケない。ウケないが、宝石のようなものである。それがウケなくなったのなら、もう終わりでもいい――。

こういう考えは少し勝手すぎるんじゃないか、と大学生だった私は思いました。

いまになって私が感じるのは、この伯山先生のような考え方でいくと、講談というものが固定化されてしまうのではないか、という危惧です。

一方で、本牧亭の席亭だった英子さんは、講談バスツアーを企画したり、研究会を提案してみたりと、実を結んだかどうかは別として、講談を活性化するための仕掛けを行います。それに応えて、講談師のほうも、高座で立ち上がってみたり、三人掛かりで語ってみたり、ピアノを弾いてみたり、いろいろと試行錯誤があったようです。

正直、そこはひとりで高座に座って読むというスタイルを守って、古典講談の魅力を広めないと意味がないのでは？　と思わなくもないですが、この模索の時期があったからこそ、現在にまでつながる種もまかれたのだと思います。

ただ、それでもなお私が思うのは、本牧亭を失うという事態はぜったいにあってはならなかったということです。

講釈場というのは講談師にとっての城です。

これが一軒残らずなくなってしまったことは、痛恨の極みです。


私は落語を中心とする寄席にも出させてもらっています。

すでに書きましたが、寄席というものは、落語家の育成機関としてじつによくできています。協会があり、師弟があり、一門があり、師弟以外の上下関係もあり、仲間たちとの青春もある。仕事場であり、家でもあり、闘いの場でもある。

こういう場所は、一朝一夕には生み出せません。

もともと私は落語が好きでしたし、寄席の多大な恩恵にも与っています。ですが、同じ演芸といえど、講談と落語では空気の違いがあります。

講談専門の寄席――講釈場があってしかるべきだと思うのです。

そういう意味でも、もしいま本牧亭が残っていたらと妄想してしまうのです。ふたたび講談に光が当たり始めたいまであれば、経営状態も多少はよくなっていたかもしれないですし。

ただ、同時にこうも思うのです。

あのままの本牧亭が残っていれば、いい風情だったでしょう。それゆえに、たとえば、出囃子もなく無音で高座に上がるような昔ながらの講釈場のスタイルを変えるのは難しかったかもしれない。

もちろん私にだって、その美学はわかります。しかしながら、時代に合わせていく必要もある。

ですから、講釈場は、一度潰《つい》えたことで時代とのチューニングはやりやすくなった、とも言えるかもしれません。

間口は広いほうがいい。美学を先鋭化させていくとそれだけ先細りもして危険だ、ということは歴史から学べる気がします。

もし、いま新たに講釈場をつくることになれば、初めは落語家や色物の先生など他ジャンルの方にも協力を仰いだうえで、しかし、あくまでも講談の空気を保つ、というバランスが大事になってくるのではないでしょうか。

上野広小路亭の役割

本牧亭があったのと同じ上野広小路、中央通りと春日通りの交差点に「お江戸上野広小路亭」という演芸場があります。五階建てビルで、二階に楽屋、三階が演芸場です。さらに上の階では演芸に関する教室なども開催されています。

この上野広小路亭、私の初高座の場所であり、また、入門を志願する際に、二代目神田山陽の命日である十月三十日を選び、師匠となる神田松鯉を最初に訪ねた場所でもあります。その日は師匠と直接お会いできなかったんですが、楽屋口に通じるたった一枚の扉がやけに重たく、分厚く感じられたのをいまでも覚えています。

上野広小路亭の運営母体は、永谷商事という不動産会社です。上野以外にも、日本橋にお江戸日本橋亭、両国にお江戸両国亭、新宿に新宿永谷ホールと、都内に四ヵ所も演芸場を運営しています。

東京寄席組合には所属していないため、いわゆる「寄席」にカウントされませんが、逆に言えば、普段、寄席に出演することのない落語立川流[※5]や五代目円楽一門会[※6]の方たちにも、永谷の演芸場は門戸が開かれています。

※5　落語立川流
一九八三年、落語協会が実施した真打昇進試験の結果と考査基準に異を唱えた落語家・立川談志が、大半の弟子とともに落語協会を脱会、立川流を創設し、談志は立川流家元となる。二〇一一年、談志の死去に伴い、総領弟子・土橋亭里う馬を落語立川流代表に選出。

※6　五代目円楽一門会
一九七八年の落語協会の分裂騒動に端を発し、五代目三遊亭圓楽とその一門は落語協会に復帰せず、「大日本落語すみれ会」を一九八〇年に結成。その後、何度かの名称変更を経て、二〇〇九年、五代目圓楽死去後、「五代目円楽一門会」となる。これらの経緯から、都内四定席には出演ができず、永谷商事が所有するお江戸両国亭で毎月「両国寄席」として事実上の定席の落語会を開催している。

また、永谷の演芸場は席数がだいたい七十〜百席でして、これが演芸ですと意外と使い勝手のいいキャパなんです。いまでこそこの規模の演芸スペースは増えましたが、かつては永谷の演芸場ぐらいしかありませんでした。

じつはこの席数だと、運営側にはほとんど利益が出ません。永谷の場合、本業である不動産部門での収益があるので、たとえ赤字でも、ある意味、文化事業的に演芸界をサポートしてくださっているという側面もあると思います。

とくに上野広小路亭では、月に数日、講談の定席が開かれます。その他の演芸場でも、ベテラン若手問わず、講談の番組を積極的に組んでくれています。

こうして講談を支えてくださる心意気に、私はかつての本牧亭に近いものを感じるのです。本牧亭イズムといいますか。

現在、この永谷の演芸場を取り仕切っているのは三代目の若旦那、押川光範[※7]さんです。

この若旦那が私に、「いずれ講釈場をつくりたいですね」と言ってく

※7 **押川光範**《おしかわみつのり》 一九八六年〜。永谷商事株式会社取締役。演芸場担当。永谷商事で経営している四軒の演芸場でさまざまな企画を開催し、伝統芸能の普及に努める。「永谷の若旦那」と呼ばれる。

ださるのです。

まだフワッとはしているのですが、そういう構想をお持ちだというだけでも、未来に光が差す心持ちがします。

常々、私は「三十年後には講釈場を」と言ってきましたが、これはもっと早まるのではないかという予感がしてなりません。

幸い、東京の講談師たちは協会の垣根を越えて、交流する機会も増えてきました。

一方で、私たちのお手本となる名人の先生方の訃報も続いています。私の師匠、神田松鯉も、いつまで講談界の力として私たちを支えてくださるかわからない。いい動きは待ったなしで加速させていくべきだと思っています。

本牧亭という名前は、私にとって長らく遠い過去のものでした。いまはむしろ未来のものとして、手を伸ばす先に見え隠れしています。

鈴本演芸場

東京都台東区上野2−7−12

■東京メトロ銀座線《上野広小路駅》より徒歩1分
■都営大江戸線《上野御徒町駅》より徒歩5分

都内四軒の落語定席のひとつ。江戸時代から続く唯一現存する寄席である。創業は安政四年（一八五七年）に遡り、当初は講釈場「軍談席本牧亭」としてスタート。これが「鈴本」と名付けられたのは、明治期、それまで町人階級に認められなかった苗字を名乗ることが義務付けられ、経営者が「鈴木」を名乗ったことから、苗字の「鈴」と本牧亭の「本」を取って「鈴本」となったそうだ。

軍談席本牧亭は今の鈴本の裏手に位置していたそうで、鈴本になってからは中央通りを挟んで反対側、現在、上野亀井堂上野広小路本店のある場所に移転、関東大震災後、現在の位置に移った。現在のビルが新築されたのは昭和四十六年（一九七一年）のことで、入り口を入って客席のある三階までの長いエスカレーターが印象的だ。世俗を忘れて寄席の世界へ没入できる。

歴史ある鈴本の半纏の背中には、初代席亭・龍助の「龍」の字が染め抜かれている。

※お問い合わせ先　TEL: 03-3834-5906　http://www.rakugo.or.jp/

本牧亭跡

東京都台東区上野

東京メトロ銀座線《上野広小路駅》

安政四年（一八五七年）、上野広小路に「軍談席本牧亭」という講釈場が、鈴木龍助氏によって作られた。当時、不忍池は今よりも広く、池を海に見立てて、ちょうど横浜のような地形だと言われていたそう。近くには「金沢」という名の菓子屋もあり、金沢の前なら本牧にしようと、「本牧亭」の名前が付いたそうだ。（諸説あり）龍助氏は明治九年（一八七六年）に本牧亭を閉め、後の鈴本演芸場となる、落語中心の寄席「鈴本亭」を作り、初代席亭となった。

戦後、一九五〇年に鈴本演芸場の三代目席亭・鈴木孝一郎氏によって本牧亭は鈴本演芸場の近くに再建されたが、四十年の歴史を経て幕を下ろす。一九九〇年に閉場となった本牧亭は、台東区上野二丁目六番地近辺、天ぷらの老舗「天寿ゞ」の左隣に位置していた。二〇二三年現在、チェーンのホテルを建設中。

閉場の二年後の一九九二年に「池之端本牧亭」、二〇〇二年には場所を移して「黒門町本牧亭」が料理屋を兼ねる形でスタートするも、二〇一一年にこちらも閉場となり、日本における最後の講談専門の寄席、講釈場がここに消滅した。

※いずれの跡地も現在は関連のない場所ゆえ、訪ねる際にはその近辺の雰囲気を静かに味わうにとどめたい。

お江戸上野広小路亭

⌂東京都台東区上野1―20―10
上野永谷ビル2階

■東京メトロ銀座線《上野広小路駅》より徒歩1分
■都営大江戸線《上野御徒町駅》より徒歩1分
■JR山手線《御徒町駅》より徒歩3分

不動産業が本業の永谷商事は現在、都内に四軒の寄席を経営している。日本講談協会、講談協会は言うに及ばず、落語芸術協会、五代目円楽一門会、落語立川流、日本浪曲協会、義太夫協会が定席興行を行う唯一の場所である。

一九九〇年、お江戸両国亭の開場に始まり、一九九二年に新宿永谷ホール、一九九四年にお江戸日本橋亭、一九九六年にお江戸上野広小路亭と、二年ごとに寄席を作っていった。いずれも小ぶりなキャパシティで「距離感の近さ」は演者にも観客にも評判が高い。神田伯山は、ほぼ毎月、出演している。

※永谷の演芸場　http://www.ntgp.co.jp/engei/
※お江戸上野広小路亭　TEL: 03-3833-1789
※お江戸両国亭
東京都墨田区両国4―30―4両国武蔵野マンション1階
TEL: 0422-21-1796（土日祝はお江戸上野広小路亭へ）
※新宿永谷ホール（新宿Fu-）
東京都新宿区歌舞伎町2―45―5新宿永谷ビル1階
TEL: 03-3232-1251
※お江戸日本橋亭
東京都中央区日本橋本町3―1―6　日本橋永谷ビル1階
TEL: 03-3245-1278

特別師弟対談

人間国宝・神田松鯉に講談の神髄を聞く

神田松鯉

かんだ・しょうり

一九四二年、群馬県伊勢崎市に生まれ、前橋市で育つ。講談師。人間国宝。日本講談協会、落語芸術協会所属。日本講談協会では名誉会長、落語芸術協会では相談役を務める。一九七〇年、二代目神田山陽に入門。一九七三年、二ツ目昇進となり「神田小山陽」と改名。一九七七年、真打昇進。一九九二年、三代目神田松鯉襲名。一九八八年、文化庁芸術祭賞受賞。二〇一九年、重要無形文化財保持者(人間国宝)に認定。

伯山　師匠、このたびは私の本のためにわざわざお出でいただきまして、ありがとうございます。

松鯉　いやいや、うれしいのがね、ここは講談社でしょう？　創業者の野間清治[※1]さんは群馬出身で、私と同郷なんですよ。昔、光文社の社長をされていた小保方宇三郎[※2]さんも群馬。講談社を中心に「音羽グループ」と呼ばれますけど、けっこう群馬閥だったんですね。私が東京に出てきたのが昭和三十六年（一九六一年）で、アパートを借りるかなんかで保証人が必要になった。それで、遠い親戚に講談社で編集長のようなことをやっている方がいたんです。会ったこともなかったけど、その方に保証人になってもらったこともありました。

伯山　そもそも講談社は講談とも関係が深いわけですけど、師匠は、個人的にも縁があったんですね。

松鯉　そうなんです。ほかにも音羽グループといえば、キングレコードのプロデューサーと飲み友達になって、それがきっかけで三橋美智也[※3]さんと仕事をしたこともありますよ。

伯山　三橋さんのショウで、「三橋美智也一代記」を読まれたんですよね。あれは司会もやられたんですか。

松鯉　いや、講談だけですね。

伯山　三橋さんのお客さまは、拍手喝采だったんじゃないですか。

松鯉　それがね、シーンとしてた（笑）。まあ、あの頃の講談は、笑わせる必要がなかったんですな。しっかりしたネタをやれば、それで成立した時代。あれ以来、三橋さんもかわいがってくれてね。南鳥山の三橋邸にも、二度ほど遊びにいきましたよ。

遺品の説得力

伯山　そんな音羽グループの講談社の本で、講談ゆかりの場所をいくつか訪ねてきました。師匠も、講談ゆかりの場所には、いろいろと足を運ばれていますよね。

松鯉　うん、行けるものなら行ったほうがいいですからね。よく、「講釈師、見てきたようなウソをつき」と言われるけど、五代目の宝井馬琴[※4]先生は、「講釈師、見てきた上でウソをつき」と言ってましたよ（笑）。つまり、自分の目でたしかめてこいと。そうすると、ウソも真実味を帯びてくるんです。

伯山　まさに、今回それを実感しました。師匠が行かれた講談にまつわるところで、ここは、という場所はありますか。

松鯉　屋島なんて印象ぶかいね。『扇の的』に出てくる祈り岩や駒立岩《こまだていわ》が、いまだに残っていますからね。私が行ったときは、かわらけ投げもやっていました。対岸の須磨《すま》の浦には、須磨寺もある。あの『青葉の笛』の笛が飾られているのを見ると、なんとも言えない心持ちになりますな。

伯山　以前、師匠がおやりになる『雲居禅師』[※5]に出てくる伊達政宗《だてまさむね》公の木履《ぽくり》があるというので、師匠と仙台に行った際、一緒に宝物館に伺ったことは覚えてますか。

松鯉　ああ、そんなことがあったね。

伯山　当時、まだ私は松之丞の名で、師匠が「マツ、時間あるからちょっと見にいこう」と連れていってくれました。で、宝物館に行ったら、誰も木履のことなんて知らなかったという。いろいろな方が出てこられて、話し合った結果――。

松鯉　「そんなものはありません」と言われてな（笑）。

伯山　あれはショックでしたね（笑）。

松鯉　ああいうことは、けっこう多いんだよ。

伯山　でも実物がなくても、フィクションでつながっていることも意味がありますものね。あと、水戸黄門の『紋太夫《もんだゆう》お手討』[※6]のお寺さんの話を師匠から伺ったこともあります。

松鯉　そう、たしか（茨城県）瓜連《うりづら》の常福寺《じょうふくじ》だな。

伯山　藤井紋太夫という男が水戸黄門に殺されるというネタなんですよね。これは史実らしくて、水戸藩家老だった紋太夫が、柳沢吉保《やなぎさわよしやす》とグルになって、水戸家を乗っ取ろうとした。その紋太夫を水戸黄門が討って、見せしめに頭蓋骨にお酒をついで飲んだという。その頭蓋骨が残っている寺があると師匠から聞いて、私も行ってきました。

松鯉　頭蓋骨、見せてくれた？

伯山　いや、いまは公開していないそうで、写真だけ見せていただきました。どうも師匠が行ったのは先代の住職の時代で、特別だったようです。

松鯉　そうかもしれない。私のときは見せてくれましたから。古い桐の箱で、黄ばんだ絹の布にくるんであって、丁寧にほどくとしゃれこうべが出てくるんです。真んなかから上がパカンと外れて、内側にはうるしが塗ってある。髑髏盃《どくろはい》ですね。なるほど、これにお酒を入れて飲んだのかと。

伯山　いかにも講談らしいエピソードですが、実際にあったという。

松鯉　うん、あれは間違いないと思う。その髑髏が残っているんだから、すごいやね。

伯山　やはりモノが残っていると説得力が違いますよね。『天保水滸伝』の資料館でも、それを感じました。

松鯉　あそこもすごいね。いまの桂小南さん[※7]が、旅のついでに資料館で『天保水滸伝』の資料を買ってきて、プレゼントしてくれたこともありました。あれはうれしかったな。

伯山　師匠は、『天保水滸伝』では、『笹川の花会』を読まれますね。連続というよりも、とくにあの一席をお読みになるのは、なにか思い入れがあるからなのでしょうか。

松鯉　やはりね、『花会』には惻隠《そくいん》の情を感じるんです。困ってる者、弱い者、いたいけな者に、常に温かい眼差しを向ける。そして、長いものには巻かれない。こういう美学が私は好きなんでね。そういや、『花会』で思い出したけど、永六輔《えいろくすけ》さんが「全国俠客フェスティバル」というものをやったことがありましたね。

伯山　「俠客」と「フェス」という単語の組み合わせがインパクトありますね（笑）。

松鯉　それで私には博徒のネタをやってくれってんで、飯岡に行ったんです。でも、飯岡で『花会』はできないだろ？

伯山　飯岡が敵役のネタですからね。

松鯉　だから、急遽、速記本から起こして、『大前田英五郎』を一席やったんです。

伯山　土地ごとに、そういった配慮は大事ですね。

松鯉　そう、師匠のお供で米沢に行ったときなんて、ここで『赤穂義士伝』をやったら生きて帰れないと言われましたからね。

伯山　なるほど、米沢藩は上杉家だから。

松鯉　つまり吉良上野介のバックボーンですよね。そういった背景は、地方に行くほど気を遣う必要があるでしょうな。

講談バスツアーの思い出

伯山　師匠はかつて史跡めぐりツアーのバスガイドもされていたそうですね。

松鯉　ええ、前座や二ツ目の頃ね、はとバスで「花のお江戸コース」というツアーがあったんです。講釈で食えないから、みんな飛びついてやったんですよ。史跡を講談で紹介するんです。ずいぶん喜ばれたし、はとバスもあれでだいぶ儲けたんじゃないですか（笑）。

伯山　ツアーのお客さまはどんな感じなんでしょうか。

松鯉　最低でも三、四十人はいましたね。だいたい朝十時に出発して、夕方三時頃まで、五時間ぐらい一緒にいるんです。おかげでフリートークができるようになったし、移動のバスのなかで講釈を一席やるから、いい勉強にもなりましたよ。

伯山　どんなネタをやるんですか。

松鯉　たとえば「花のお江戸コース」だと、泉岳寺や東御苑[※8]で『赤穂義士伝』。東御苑というのは、江戸城の本丸跡で、天守台や午砲台跡《ごほうだい》もある。「松之大廊下跡」の碑も残っています。あと、吉良邸跡も回ったんじゃないかな。

伯山　やはり義士が強いんですね。先日、義士の墓参りで泉岳寺へご一緒した際、「義士の墓の前に、義士の関係者だとウソをついていた女性の墓がある」とおっしゃっていましたね。

松鯉　妙海尼※9ですね。「私は堀部安兵衛の女だった。女房だった」と騙っていたんです。泉岳寺には大勢の参拝客が来るから、安兵衛の思い出話をすれば、お恵みがあったりして、おカネになったんでしょうね。この人は本当にいたようです。

伯山　ただ、堀部安兵衛の女房だったというのはウソですか？

松鯉　まあ、ウソでしょうな（笑）。

伯山　講談師みたいな存在でもありますね（笑）。

松鯉　そうですよ。講釈の向こうを張ってたんでしょう。最期は泉岳寺の門前で雪に埋もれて亡くなったそうですよ。世間の人たち、あるいは泉岳寺さんかもしれないけど、哀れだというので、ちゃんとお墓も建ててあげた。

伯山　いい話ですね。

松鯉　詐欺みたいなことをした果てに行き倒れた人間でも、手厚く葬ってやるという。いまじゃ、ありえないかもしれないね。

伯山 つまりバスツアーでは、こういうことをしゃべっていくわけですね。

松鯉 そうです。何十回じゃきかないぐらいやりましたから、泉岳寺なんかじゃ、説明が自然と口をついて出てくるんですよ。

講談と歌舞伎の関係

伯山 先日、師匠と泉岳寺へ行った際は、歌舞伎俳優の尾上松緑さんもご一緒しましたね。歌舞伎座で開催された私たちの講談会と新作歌舞伎『荒川十太夫』の成功祈願でした。講談会の模様や、歌舞伎となった『荒川十太夫』についてはこの本でも触れているのですが、あらためて師匠の感想を伺ってよろしいでしょうか。

松鯉 いやもう、うれしかったですよ。感無量という感じ。裏方さんもとてもよくしてくれましたね。大道具の襖絵だとか。あれは感激しました。

伯山 師匠の松鯉の「鯉」、松緑さんの「松」、私の「山」を描いてくれて。

松鯉 私の本名である渡邉《わたなべ》の紋も入れてくれていましたね。かつて私が歌舞伎修業したのは先の歌舞伎座でしたが、やはり懐かしさもありましたな。

伯山　歌舞伎座ですと、どんな思い出がありますか。

松鯉　たとえば昔の歌舞伎座は裏に砂場があって、そこでとんぼの稽古をしたんですよ。あとは坂東八重之助[※10]さんという立師の名人がいて、その人に立ち回りをつけてもらった覚えもある。揚幕[※11]のコウさんっていう、揚幕の名人もいました。名優たちがみな、「コウさん、コウさん」とかわいがっていてね。

伯山　コウさんが名人とされるゆえんは、どのあたりにあるんでしょうか。

松鯉　間ですな。出を待っている名優たちが、「はい！」と言う。と同時に、チャリーンと開けるんです。この間髪入れずという間が、じつに上手いんです。

伯山　その間がズレると、素人目にはわからなくても、役者としては気持ちよくできないということですか。

松鯉　そういうことでしょうな。また、不思議なもので、その間でお客さまの反応も変わってくるんです。お客さまの待つ間と役者の出の間が一致したときに、拍手が巻き起こるんですよ。揚幕の前で役者が待つ小部屋を「鳥屋《とや》」といいますが、私がいたときの鳥屋で使われていた鏡が、いまの歌舞伎座にも引き継がれているんです。なので、鏡を見て、フチの塗りなんかはだいぶ剝げてましたけど、感慨深かったですね。

伯山　歌舞伎となった『荒川十太夫』は、師匠はこれからご覧になるとのことですが、私は一足早く拝見してきました。とてもよかったです。

松鯉 それは楽しみですな。

伯山 タイトルにも「神田松鯉口演より」と入っておりました。講談師が歌舞伎座の舞台に上がるのは、私たちが九十七年ぶりとのことでしたが、講談がこのようなかたちで歌舞伎になるのも久方ぶりのことですよね。

松鯉 おそらく戦後は初でしょう。戦前までさかのぼれば、「神田伯山口演より」とタイトルに入った芝居があったと師匠（二代目神田山陽）が言ってました。この伯山はおそらく三代目だというから、『清水次郎長伝』[※12]じゃないでしょうかね。なにせ三代目は、「次郎長伯山」と呼ばれたくらいですから。もっとも、さらにさかのぼれば、幕末から明治にかけてはたくさんありますよ。河竹黙阿弥《かわたけもくあみ》が書いた歌舞伎でも、松林伯圓[※13]の講談をもとにしたものは多かった。

伯山 もとは講釈のネタの歌舞伎で、印象深い作品はありますか。

松鯉 河内山宗俊《こうちやまそうしゅん》は好きですね。

伯山 『天保六花撰』[※14]ですね。歌舞伎では、黙阿弥の『天衣紛上野初花《くもにまごううえののはつはな》』。

松鯉 名優たちの芝居で見てますからね。

伯山 河内山で名優というと？

松鯉　十七代目の中村屋[※15]（中村勘三郎）とかね。あと、二代目の松緑[※16]旦那もやってましたねえ。前進座では中村翫右衛門[※17]先生。せがれの梅之助[※18]先生でも見ています。

伯山　師匠自身も、高座でそうした名優たちの芝居を思い浮かべながらやられることもあるんでしょうか。

松鯉　どうしてもイメージはダブりますよね。ただ、マネになってはいけないんです。講釈と芝居では、口調が違いますから。

伯山　これは歌舞伎修業もされた師匠だからこそお聞きしたいんですが、講釈と芝居の口調の違いについて、もう少し教えていただいてもよろしいでしょうか。

松鯉　芝居を成り立たせているのは、役者と役者の会話なんです。その点、講釈は、あらゆる会話をひとりで読みますし、さらにト書き、つまり状況説明も入れないといけない。いろんなタイプの読み口があるのを、ひとりでどう調和させるか、というのが講談では大事でしょうね。

伯山　歌舞伎ですと比較的大きな劇場ですから、遠くの客席まで届くように大声を出す必要があると思うんですが、講談は高座マイクもありますし、声の出し方にも変化をつけられる。そのあたりも変わってきますでしょうか。

松鯉　ただ、どちらも腹から声を出すのは必要でしょうな。そうすれば、どんな会場でも声は通りますから。

伯山　また、師匠の声は通るんですよね。普通の会話でもグッと届く。

松鯉　だからナイショ話はできないんだ（笑）。

伯山　凄みを利かせるときにはあえて声を張らなかったり、グッと腹の内側に響くようにしてやるほうが迫力が伝わるともおっしゃいますよね。

松鯉　そう、怒るときはね、沈ませるんです。そのほうが逆に怖さが滲み出ますからね。

伯山　『天保六花撰』に話を戻しますと、連続物でだいたい何席ぐらいあるのでしょうか。

松鯉　およそ三十席ぐらいですね。

伯山　やはり河内山が出てくるということで、師匠は『松江侯玄関先の場《まつえこうげんかさきのば》』[※19]などをよく読まれますね。

松鯉　そう、『玄関先の場』はいい場面ですよ。ただ、三十席もあると、ダレ場[※20]もありますからね。ウチの師匠は、「ダレ場を聴かせるのが腕なんだ」とよく言ってました。それでも私は苦手だけど、六代目の伯山は見事にダレ場を聴かせますな（笑）。

伯山　いやいや、とんでもないです。私は、それこそ師匠はダレ場がお好きなんじゃないかという印象を持っています。ダレ場とされるような場面でも、じつに面白く読まれるじゃないですか。『柳沢昇進録《やなぎさわしょうしんろく》』の『采女探し《うねめさがし》』[※21]ですとか。

松鯉　いや、でもダレ場はイヤですよ（笑）。ただ、連続物ではダレ場も義務ですから。昔は、ダレ場を飛ばすと、「いいとこ読み」といってバカにされたものです。「あいつ、いいとこ読みだね。全部は知らねえんだな」って。

伯山　やはり連続物においては、ダレ場も必要だということでしょうか。

松鯉　そう、これは企業などでよく言われる「262の法則」と似ているんです。組織というものは、だいたい2割が優秀で、6割は平凡で、2割はサボりがちになるという。じゃあ、最後の2割を切ってしまえとやったところで、けっきょくまたこの比率に戻ってしまう。連続物も、お客さまが無条件で楽しめるネタが2割、そのときの出来やお客さまとの呼吸によって変わるのが6割、どうにもつまらないダレ場が2割（笑）。

伯山　つまらない2割をなくしても、また別のダレ場が生まれてしまうわけですね。

松鯉　なので、やっぱりダレ場をどう聴かせるのかが腕なんでしょうな。

バレ講談とは何か

伯山　いまも「262の法則」とおっしゃいましたが、師匠は「ビジネス講談」というものもやられていましたよね。

松鯉　そう、会社員の研修なんかに呼ばれてね。たとえば「QC講談」といって、品質管理、クオリティー・コントロールですね、これを秀吉の『墨俣《すのまた》一夜城』※22に絡めて読むんです。

伯山　それは面白いですね。

松鯉　「安全講談」なんてのもやりましたよ。企業では毎年、安全大会というものがあって、ずいぶんとそれに呼ばれたんです。そこで「赤穂義士討ち入りに見る安全対策」とかやるわけ（笑）。

伯山　ビジネス講談は企業に呼ばれるかたちだと思うんですが、師匠の時代には、お座敷に呼ばれるような文化もまだ残っていましたか。

松鯉　お座敷はほとんどなくなってたね。

伯山　やはりそうですか。あまりおおっぴらに伺うことでもないですが、お座敷でしかやらないようなバレ（エロ）講談があって、いろんな先生方がやられていたというじゃないですか。

松鯉　みんな、持ってましたね。ただ、いまはもうそういう時代じゃなくなったんだ（笑）。

伯山　具体的にどんなバレ講談があったんでしょうか。

松鯉　有名なのだと『茶臼山《ちゃうすやま》の合戦』とか『夜具山《やぐやま》の合戦』とかありますね。

伯山　合戦中に、ちょっと色っぽい場面が出てくるわけですか。

松鯉　いや、ちょっとじゃなくて、ほとんど色っぽい（笑）。

伯山　ほとんどですか（笑）。どういう内容か教えていただくことはできますか。

松鯉　まあ、合戦というのはつまり、男と女が床入りする話ですよ。いろんな形をしたりして。それを「さても、時はいつなんめりや」とやっていくわけだ。

伯山　なるほど、ちょっと修羅場を入れて、講談っぽい口調で、いわゆる下ネタをしゃべっていくわけですね（笑）。（一龍斎）貞水先生も、そういうバレ講談というか、下ネタの修羅場で食べてた時期もあるなんてことをおっしゃっていました。

松鯉　あの先生たちはキャバレー回りの経験がありますからね。私もありますよ。キャバレーとか、そういうときに使っていましたね。

伯山　たとえば『茶臼山の合戦』は、大師匠から教わるんですか。

松鯉　ウチの師匠はそういうのは教えてくれない。だれかほかの人だったけど、もう忘れちゃったな。でも、師匠も違うネタをやってはいたね。『大石主税の初夜』というのを、旅先で聴いたことがあるよ。

伯山　それはお客さんの前でやられたんですか。

松鯉　いや、宴会ですね。芸協（落語芸術協会）の落語家の師匠さん方と、ウチの師匠と、あと親しい方が何人かいて。でも、まさかウチの師匠があいうネタをやるとは思わなかった。大石主税が初夜で、やり方がわからないので、父である大石内蔵助に教わるという話なんです。

「御父上、どうしたらいいですか」

「おまえの大事なモノを、嫁の大事なモノにあてがうんだ。じゃ、父が太鼓を叩いてやるからな。ドーン。ひとつ叩いたら、ひとつ突け。ドンドーン。ふたつ突け。ドンドンドーン。みっつ突け」

伯山　面白いですね（笑）。

松鯉　そのうちに大石主税が、「御父上、太鼓の早打ちを願います」というのがサゲになるんだ（笑）。

伯山　ハハハハ！

松鯉　私も聴いたのはその一度きりだけど、鮮烈だったから覚えてますよ。そういや、（立川）談志師匠の前でやったこともあるよ。談志師匠に誘われて、貞山[※23]さんと白山雅一[※24]先生と、談志師匠のマンションのあった近くの居酒屋の座敷で飲んでたんだ。そのうち、談志師匠が私に、「なんか、バレやってみろい」って。「それじゃあ」ってんで、落語のバレ噺の『欣弥《きんや》め[※25]』を赤穂義士版にしてやったの。談志師匠も喜んでくれましたね。

伯山　談志師匠自身もそういうバレ噺を集めたCDをおつくりになって、『欣弥め』も収録されていますもんね。しかし、こういうのはいまやる機会はないでしょうけど、継承しておいたほうがいいですね。

松鯉　お前、いまのでもう覚えちゃっただろ？　どこかでやってみればいいよ（笑）。

怪談はなぜ怖いのか

伯山　師匠は怪談物もお得意ですが、不思議なのは、師匠ご自身は怖いものが苦手だという。

松鯉　やるときは怖くないんです。でも、テレビなんかでも怪談をやってると消しちゃうんだ、怖くて（笑）。

伯山　師匠は怪談でも、直接的に残酷な描写はカットされますよね。『小幡小平次[※26]』の指を切断する場面ですとか。

松鯉　怪談とは、つまり怨念だと思うんですよ。むやみに肉体を傷つけたり、残酷に殺せばいいというものじゃないんでね。ただ、『東海道四谷怪談』のようなグロテスクさは大事ですよね。あれは文化文政時代、文化が爛熟したエログロナンセンスな空気を、鶴屋南北が上手く掬《すく》っていますよね。

伯山　四谷怪談の於岩稲荷は、いまではひとりで参拝していますが、入門当初は師匠に連れていっていただきましたね。

松鯉　ああいう場所も、ひとりで行くのは怖いんだ（笑）。でも、やっぱりこれは行っておかないといけないから、毎年お参りして、お酒をそっと置いて帰ってくるの。もっと怖いのは妙行寺のお墓のほうですよね。お岩さまのお墓がいちばん奥で、お墓の群れの間を縫っていく恰好になるでしょう？　あれが、怖いんですよ。

伯山　ちなみに『東海道四谷怪談』のお岩さまは鶴屋南北の脚色で、実際にはお岩と伊右衛門は仲睦まじい夫婦だったという話もあります。このあたり、史実との違いを師匠はどのようにお考えですか。

松鯉　仲睦まじかったというのも、本当かな？　と思うんです。現実には、もはやだれひとり知っている人はいないわけですから。四谷怪談のほうが世間に一方的に喧伝されたもんで、その反動として、仲睦まじかったという話が出てきたんじゃないかと私は思うんです。

伯山　そちらもフィクションだと。

松鯉　うん、だって、だれも見てないんだから。まあ、講釈だって、ウソを承知で楽しむ

ところがあると思うね。漫画やテレビドラマだってそう。そのなかで自分の琴線に触れる部分があれば、それでいいんじゃないですかね。

伯山 怪談の話に戻りますと、師匠は前座がお化けの役をやる「ゆうた（幽太）」を出されることがあるじゃないですか。私自身がゆうたをやったことはあるんですが、いまのところ自分の高座で、ゆうたを使ったことはないんです。あの、ゆうたを使っているときはどのような心持ちなんでしょうか。というのも、正直、経験のない前座がゆうたを上手くやるのって難しいと思うんです。下手だなと思いつつも、育てる意味で使っておられるのかなと。

松鯉 フフフフ、あまり言うと、だれもゆうたをやってくれなくなっちゃうから言いづらいよな（笑）。

伯山 よくおっしゃってますけど、師匠自身は大師匠のもとで、ゆうたをとんでもない回数、やられているんですよね。

松鯉 寄席の高座以外の怪談の仕事も含めてですが、一夏で、最高百二十回。

伯山 それだけ高座の数があることにも驚きます。

松鯉 昭和四十六年（一九七一年）のことでしたね。いまでも覚えてますよ。

伯山 また師匠の時代ですと、ゆうたでも、お客さまを驚かすためにちょっと触れてもよかったりしたんですよね。よく、こんにゃくとかでポンと触ったりしたっていうのを聞きます。

松鯉　私は、冷たいおしぼりでしたね。まことにご無礼だけど、座っているご婦人の首筋にちょこっとつけて。もう、それだけで怖がっているところに、振り向くと、お化けに扮した私がいるわけ。もう「キャーッ！」ってなものですよ。

伯山　なるほど、悲鳴を上げさせるところまでがセットなんですね。

松鯉　そう、「キャーッ！」って声が演出として必要になりますから、静かに怖がらせても意味がないんです。昔、本牧亭の頃ね、ウチの師匠が怪談をやって、客席真っ暗のなか、私がゆうたで出ていったんだ。それで、お客さまを驚かせようとしたら、「バカねえ、あたしよ」って。よく見たら、師匠のおかみさんだった（笑）。

伯山　暗いとわからないですもんね（笑）。

松鯉　それに、まさか客席におかみさんがいるとは思わないもの。それからしばらく、仲間にバカにされましたよ。「師匠のおかみさんを脅かそうとしたマヌケなゆうたがいる」って。

本牧亭を失ったあとで

伯山　師匠が入門した頃の本牧亭の話も伺いたいです。

松鯉　私が入った頃は、まだ建て直す前で木造の本牧亭でしたね。二十畳ぐらいで、六十～七十人でいっぱい。

伯山　そこにだいたい何人ぐらいのお客さまが来られたんですか。

松鯉　ご老人たちが壁際にずらっといるだけだったね。ツ離れする（二桁まで行く）と喜んでたから。

伯山　名物のお客さまもいたり？

松鯉　いましたね。銀座の入船堂[※27]のご隠居とか、有名企業のオーナーとか。そういう方たちはいろいろと我々の面倒を見てくれるんです。飯食わせてくれたり、楽屋にお菓子を差し入れてくれたり。なので、出番がなくても毎日行ってました（笑）。早く行けば、高座で稽古もできますし。

伯山　まさに本牧亭で修業をされたわけですよね。そういう場所がなくなったときは――。

松鯉　そりゃ、泣きましたよ。ズーッと涙が止まんなかったよ、私は。妹弟子に「兄《あに》さん、いちばん最初に泣き出しましたね」って言われたな（笑）。

伯山　その後も名称こそ残りましたが、日本で唯一の講釈場がなくなってしまったんですものね。

松鯉　ホントもう、切なくて、悲しくて。この話をすると、いまでも涙ぐんじゃうよ。私たちのお城でしたから。

伯山　その一方で、大師匠の流れもあり、師匠は落語の寄席の経験も豊富ですよね。

松鯉　そう、もともとは師匠の代演とかで、二ッ目時代から寄席にずっと出ていたんです。でも、本牧亭がなくなってしまったので、あらためて芸協に頼んで入れてもらった。すると今度は会員ですから、意識が変わってきますよね。

伯山　いわゆる寄席の笑いという流れのリレーのなかで、講釈らしい講釈をするとお客さまの笑いが止まってしまうこともありますよね。そのことで、最初のうちは落語家さんからなにか言われたりしたことはありますか。

松鯉　私はないけども、ある噺家がある講釈の先生のことを、「せっかく客席が温まっているのに、あの先生が出ると冷えちゃうんだよ。また温め直さないと」と言ってるのを聞いたことはある。どちらも故人だから名前は出さないけど。きっと私に対してそう思っていた人もいたかもしれない。ただ、そんなときに、（三笑亭）笑三[※28]師匠や、先代の（春風亭）

柳橋師匠[※29]が優しい言葉をかけてくださってね。柳橋師匠が言うんですよ、「あのね松鯉さん、落語の間に挟まって出るんで気をつかってるのはわかるけども、遠慮はしなくていいんだよ。堂々と講談をやってくれたほうがいいんだ」って。あれはうれしかったな。

伯山 ああ、そんなことがありましたか。

松鯉 笑三師匠には、旅先の公演で言われましたね。やっぱり落語はどっかんどっかんウケますよね。私はマジに講釈やろうにも腕がなかったし、お客さまがシーンとしちゃうだけだったから、ふと、「落語は笑いがあっていいですね」とグチったんです。そしたら、笑三師匠が、「落語はね、笑わせるのが芸なんだよ。講釈はね、お客さまが帰るときに、『ああ、今日はいい話を聴いたな』と思って帰ってくだされば、それだけで存在感は充分あるんだ」って。あれは救いになりましたね。

伯山 いま師匠は、芸協の寄席の流れのなかで、お客さまに合わせて講釈の硬軟を使い分けておられますよね。

松鯉 ウチの師匠が使い分けていたからね。寄席へ出ると、ネタによっては噺家よりもウケてましたから。で、講釈場に出ると、きっちりとした講釈を読んでいた。

伯山 それでも当時は、講釈場だけに出て硬い話を読んでいる人のほうが評価される空気があったんですか。

松鯉　空気というか、それがあたりまえだったんですよね。講釈と落語って本来、芸が全然違うわけだから。お客さまも、甘い饅頭が好きな人と塩饅頭が好きな人がいるのと同じでね。笑いにいきたい人と、みっちりした講釈を聴きたい人というのは、あの頃は確実に分かれていた。

伯山　なるほど。いまみたいに、「講釈行こう、落語行こう」ではなくて、明確に別モノだったわけですか。

松鯉　それがいまは一緒になっちゃったでしょ。これはね、テレビの影響だと思うんですよ。情報番組でもワイドショーでも、なんでも笑えたほうが視聴率がいいし。そうすると、なし崩し的に区別がなくなってしまう。

伯山　私が以前に伺ったのは、師匠が『熱湯風呂』で、「白倉源五右衛門《しらくらげんごえもん》、槍を放した。やりっぱなしだ」とやったら、客席から「真面目にやれ！」という声が飛んだという。

松鯉　あれは名古屋の大須《おおす》演芸場でしたな。

伯山　ちゃんとやるもなにも、あのくだりは、台本どおりなんですよね。

松鯉　そう、師匠に教わったとおりなんですよ（笑）。当時の名古屋は芸どころと言われたけど、たまに、そういうお客さまもいた。こんなこともありましたよ。どうもお客さまが私を見ていない。なんだろうなと思って、視線の先をひょいっと見たら、高座を猫が横切っていた（笑）。

講釈場ゆかりの釈台

伯山　たしか大師匠に『天野屋利兵衛』※30をあげていただいた話も、大須じゃなかったでしょうか。

松鯉　そうです、大須演芸場に出たときですね。十日間あって、師匠はホテルに泊まって、私たちは楽屋泊まり。寄席は午後からですから、師匠は午前中、ホテルでヒマなんです。それで、「あいつに十日間で一席つけてやろう」と思ってくれたらしくて、『天野屋利兵衛』を教えてくれることになった。その気持ちはうれしかったけど、覚えるとなると大変ですよ（笑）。

伯山　十日のうち、初日に教わって、楽日にかけろというわけですか。

松鯉　そう。でも師匠はヒマでも、私は前座だから、いろいろ働かなきゃならないんだ。しかも昼夜で前座はひとりですから。

伯山　無事、楽日に『天野屋利兵衛』をかけることができたんですか？

松鯉　かけたけど、そんないい出来になるはずはないやね（笑）。そういえば、大須では釈台なしでやったこともありましたよ。

伯山　どうしてまたそんなことに（笑）。

松鯉　名古屋のテレビから師匠に声がかかったんです。すると、師匠が釈台を持っていっちゃったんだ。

伯山　大須の釈台をですか？

松鯉　うん。しょうがない、ヒザを叩いてやったよ（笑）。

伯山　私も、何度か釈台がなくてやったことはあります。

松鯉　みんな、あるよな（笑）。昔、あるところに余興に行ったら、釈台の形をしたものの上に白いテーブルかけがかかっていたんだ。しかも、「先生、これを打たないでください」っていう。

伯山　釈台なのに？

松鯉　どうしてって思うだろ？　そしたら、中身が段ボールの箱だった（笑）。

伯山　ハハハハ、それじゃ叩いても響きませんもんね。逆に、師匠の実演記録を録音している東京文化財研究所の釈台は、もとは三代目の伯山先生も使っていた浅草金車亭《きんしゃてい》のものだと聞きました。

松鯉　あの金車亭にあったという釈台は、立派だったねえ。伯山先生が、その釈台を使っている時の写真が残っていて、見たことがあります。

伯山　そういう伝説の釈台や、思い入れのある釈台はありますでしょうか。

松鯉　早稲田のゆたか亭の釈台は、私が譲り受けましたよ。

伯山　ゆたか亭というのは講釈場だったんですか。

松鯉　いや、普通の寄席でしたけど、講釈も頻繁に出ていました。その「ゆたか」が、寄席をやめて、染物屋さんになったんです。

伯山　あ、あの早稲田にある佐藤染業※31の「ゆたか」ですか。

松鯉　そう。先代の社長の時代に、ゆたか亭の釈台があるのを見て、「社長、この釈台って、ゆたか亭でかつて使っていたものですよね？」「そうだよ」と言うので、「こうやって使っていないんだったら、譲ってくれませんか」とお願いしたら、「いや、思い出ある大事な品だから、ごめんな」ということだったんです。でも、先代が亡くなってからしばらくしたあと、息子の若社長に、「お父さんに頼んだけど、どうしてもダメでした。でも、社長、こうやって置いておくだけじゃ、釈台は意味がないんですよ」と言ったら、若社長、ポンと手を叩いて、「わかりました。お譲りしましょう」って。それなりのお礼はきちんとさせていただきましたけどね。

伯山　そういう経緯があって、いまゆたか亭の釈台は師匠のお宅にあるわけですか。

松鯉　あります。いまのところ置いてあるだけだけど。

伯山　でも、師匠のもとにあれば、講談界の財産として保管されますからね。

松鯉　「お化けの貞山」[※32]（七代目一龍斎貞山）の旅用の釈台もありますよ。これは福富太郎[※33]さんが御恵贈くださいました。福富さんは「キャバレー太郎」といって、キャバレーのハリウッドを何店舗も経営していて、ウチの師匠のご贔屓でもあったんです。で、私のこともかわいがってくれて、「おまえの師匠はほしがらないから、これよかったら、おまえにやるよ」って。

伯山　さすが気前いいですね（笑）。以前、本牧亭にあったという釈台を少しだけ打ったことがありまして、音の響きが「パーン！」とすごい跳ね返りだった記憶があります。

松鯉　厚さが違うんですよね。で、ちょっと反ってるの。

伯山　少し斜めなんですよね。昔、本を置いていたという名残で。

松鯉　あのわずかな傾斜が、音の返りにも関係しているんでしょうな。打った音が散らないで、自分の耳に返ってくるんです。

伯山　その釈台は貞水先生がお持ちになって、いまはたしかお弟子さんが受け継いでいると思います。

松鯉　ほかにも何台かあるんだよな。

伯山　基本的にどれも音がいいというか。

松鯉　同じつくりのはずですから、そうでしょう。ただ、古いものになると、張り扇を打つ部分がささくれ立ってしまっているんです。

伯山　打たれすぎて、跡ができているんですね。

松鯉　だから、その部分の脇を打ってましたね。

伯山　本牧亭は、釈台ひとつとっても、エピソードの重みが違いますね。

松鯉　物理的にも重いですからね（笑）。本物の釈台はずっしり重い。大の男が持ち上げるのに、「これは重い！」と思うくらい。

新しい講釈場の可能性

伯山　その釈台の前で、前座時代の師匠は、毎日、誰も来てないときに稽古をしていたという。

松鯉　『三方ヶ原（軍記）』を読んでいましたよ。

伯山　やはり講釈場はあったほうがいいですね。

松鯉　じつは私、つくろうと思ったことがあるんですよ。いま住んでいる家は、講釈場にしようと思って買ったんです。

伯山　そうだったんですか。（三遊亭）好楽[※34]師匠の池之端しのぶ亭みたいな感じで。

松鯉　だから、大工さんに頼んで、隣と二階でつながる造りにしたんです。でも、よく考えてみたら、都心からはなれた駅から十分のところで講釈場やっても、お客さまは来ないなって（笑）。

伯山　まさに師匠に伺いたかったのがそれなんですが、もし仮に講釈場をつくるとしたら、場所としてはどこがいいと思われますか。

松鯉　やはり都心でしょうね。いま寄席があるあたりは、格好の場所じゃないですか。新宿、池袋、上野、浅草——となると、渋谷あたりにあってもいいかもしれないね。

伯山　渋谷に講釈場ができたらすごいですね。八丁堀はいかがですか？　八丁堀にあった聞楽亭《ぶんらくてい》の跡地は、いまはたしか中華屋さんになっていますが。

松鯉　八丁堀は、毎月、句会をやってたから、たまに地元の人に聞楽亭のことを聞くんだけど、誰も知らなかったね。

伯山　そうなんですよ。私も古地図と照らし合わせまして、どうもその中華屋さんのあたりなんじゃないかと。かつては、本当に小さい講釈場とかも含めて、無数にあったらしいですね。

松鯉　町内にひとつはあったというぐらいですからね。

伯山　いま、師匠の講談教室にも通われている永谷の若旦那が、講釈場を建てたいということを夢としておっしゃってくれていますし、国立演芸場も改修期間に入り、国立劇場とともに、数年後に生まれ変わる予定です。小屋が変わると、芸人もテンションが上がりますし、お客さまの心持ちもまた変わるのではないかと思います。

松鯉　まあ、その頃には私はいないけどね（笑）。

伯山　いやいや、そんなこと言わないでください。師匠は現役バリバリですから、ずっと引っ張ってほしいですよ。

松鯉　こんな機会だから言っておくけどね。いま講談界全体が、お前のおかげで活気づいてる。自分の弟子にこんなこと言うのもヘンだけども、すごい人が出てきてくれたと思って感謝しているんです。ただ、これをこのままで終わらしちゃいけない。私たちは足を引っ張らないよう、支える役をやりますから、お前には遠慮しないでどんどんやってもらいたいと思っているんですよ。

伯山　とんでもないお言葉です。

松鯉　いや、ホント遠慮はするなよ。

伯山　最後ですが、ひとつお願いをしてもよろしいでしょうか。

松鯉　もちろん。

伯山　私にも弟子ができまして、師匠から見ると孫弟子にあたります。彼らにもなにかお言葉をいただけたらと思うんです。

松鯉　まあ、修業時代が大事なのはもちろんですが、ただ人について、言われるがままに修業するだけではなくて、自分の頭で言われたことの意味を考える修業も必要なんです。そういうふうに伯山は指導するべきだし、彼らもそういう自覚のもとで取り組んでくれると、実りのある修業になります。

伯山　肝に銘じます。ありがとうございました。

（二〇二二年十月　講談社　応接室にて）

※1　野間清治（のま・せいじ）
一八七八〜一九三八年。出版社の講談社創業者。初代社長。昭和初期、出版界の隆盛を牽引する存在だった。

※2　小保方宇三郎（おぼかた・うさぶろう）
一九〇四〜二〇〇五年。出版社の光文社の元社長。講談社の元副社長でもあった。

※3　三橋美智也（みはし・みちや）
一九三〇〜一九九六年。「リンゴ村から」「哀愁列車」などミリオンセラーを連発した、戦後昭和の代表的歌手。

※4　五代目宝井馬琴（たからい・ばきん）
一九〇三〜一九八五年。講談師。講談協会初代会長。一九七二年、紫綬褒章受章。

※5　『雲居禅師』（うんごぜんじ）
連続物『水戸黄門記』の中からの一席。若き伊達政宗公は勘違いから草履取りの平四郎に木履を投げつけ額を割る。恨みに怒った平四郎は延暦寺に入り修行、時が経ち、平四郎は高僧、雲居禅師となって、再び政宗と邂逅を果たす。

※6　『紋太夫お手討』
柳沢吉保と手を結んだ水戸藩家老、藤井紋太夫を、水戸光圀《みつくに》は小石川藩邸での能の催しの折、お手討にした。その後、紋太夫の頭蓋骨を髑髏杯にした、という逸話も残り（諸説あり。平戸藩主、松浦静山が書いた随筆『甲子夜話《かっしやわ》』では別人の逸話が残る）、常福寺（茨城県那珂市瓜連）にその髑髏杯があるが、非公開の上、ホームページなどで紹介もしていない。

※7　三代目桂小南（かつら・こなん）
一九六一年〜。落語家。一九八〇年、二代目小南に入門。一九九三年、真打昇進、二〇一七年、三代目小南襲名。

※8　東御苑（ひがしぎょえん）
皇居内の旧江戸城本丸、二の丸、三の丸の一部を宮殿の造営に合わせ、皇居附属庭園として整備したもので、一九六八年から一般公開されている。

※9　妙海尼（みょうかいに）
生没年諸説あり。堀部安兵衛の妻を名乗り、死去するまで墓守を続け、泉岳寺に葬られた。安兵衛の許嫁《いいなずけ》、堀部家の女中と諸説ある。

※10 坂東八重之助（ばんどう・やえのすけ）
一九〇九～一九八七年。歌舞伎役者。六世尾上菊五郎《きくごろう》の一座に属し、多くの立廻り（斬り合いや格闘場面の演出・演技）を作り上げ、立師（歌舞伎の立廻りの振付師）の第一人者として、今に伝わる立廻りの型を創り上げた。

※11 揚幕（あげまく）
舞台からみて花道の突き当たりにある入り口にかけられた幕。金輪で吊り下げられており、勢いよく開けると「チャリン」と音がする。

※12『清水次郎長伝』
連続物講談で、静岡・清水の侠客、次郎長やその子分たちの義理人情に厚い話で人気が高い。三代目伯山の次郎長伝を聞いた浪曲の二代目広沢虎造は浪曲に仕立て上げ、ラジオで大人気となり、一世を風靡した。

※13 二代目松林伯圓（しょうりん・はくえん）
一八三二～一九〇五年。講談師。一八五四年、二代目伯圓襲名。『鼠小僧』や『天保六花撰』を作り上げ、白浪物（盗賊を主人公にした読み物の総称）を得意とし、「泥棒伯圓」の異名をとる。

※14『天保六花撰』（てんぽうろっかせん）
二代目伯圓作の白浪物の連続講談。河内山宗俊、片岡直次郎《かたおかなおじろう》、暗闇《くらやみ》の丑松《うしまつ》らが活躍する。これを河竹黙阿弥が歌舞伎にしたのが『天衣紛上野初花』で、一八八一年の初演以来、今も上演される人気演目となっている。

※15 十七世中村勘三郎（なかむら・かんざぶろう）
一九〇九～一九八八年。歌舞伎役者。人間国宝。一九一六年、初舞台。一九五〇年、十七代目勘三郎襲名。生涯で八百役以上をつとめ、ギネスブックにも登録された。

※16 二世尾上松緑（おのえ・しょうろく）
一九一三～一九八九年。歌舞伎役者。人間国宝。一九一八年、初舞台。一九三五年、二代目松緑を襲名。日舞の藤間流家元、藤間勘右衛門としても活躍。

※17 三世中村翫右衛門（なかむら・かんえもん）
一九〇一～一九八二年。歌舞伎役者として出発するも、劇団前進座を立ち上げ創設者のひとりとなる。映画にも出演。山中貞雄《やまなかさだお》作品などに出演する。

※18 四世中村梅之助（なかむら・うめのすけ）
一九三〇～二〇一六年。劇団前進座で活躍。テレビでもおなじみで、『遠山の金さん捕物帳』の初代金さん役や、ＮＨＫ大河ドラマ『花《か》神《しん》』の主役・大村益次郎役をつとめた。

※19『松江侯玄関先の場』
『天保六花撰』の中の一席。松平出羽守が女中奉公の娘を気に入って無理に側女にしようとするのを、河内山宗俊が助けるために一計を案じる。

※20　ダレ場
講談や落語で、客が退屈するような地味で面白味のない場面。

※21『采女探し』
連続物『柳沢昇進録』の中の一席。男色の気のある五代将軍・徳川綱吉に、一見男性に見えるが絶世の美女である、という者を探し出し、小姓にして綱吉にあてがおうという計略を立てて、京都で采女という女を探し出す。

※22『墨俣一夜城』
『太閤記』の中からの一席。足軽大将だった木下藤吉郎《きのしたとうきちろう》（のちの豊臣秀吉）が、智略をもって戦の要衝、墨俣に一夜で城を築く話。

※23　八代目一龍斎貞山（いちりゅうさい・ていざん）
一九四七～二〇二一年。講談師。一九七〇年、四代目神田伯治《はくじ》（のちの六代目神田伯龍）に入門。一九七九年、真打昇進と同時に八代目貞山を襲名。七代目貞山は実父。

※24　白山雅一（しろやま・まさいち）
一九二四～二〇一一年。声帯模写芸人。一九四二年、初代柳家三亀《み》松《き》《まつ》に入門。戦前戦後の歌謡曲が得意のネタで、昭和期のラジオで引っ張りだこだった。

※25『欣弥め』
「艶笑落語」の代表作のひとつ。姫君に欣弥という名の小姓が夜這いをかけて、そこでのとぼけたやりとりの小噺。お座敷で披露されることが多い。

※26『小幡小平次』（こはだこへいじ）
怪談の一席物。役者・小平次の女房は別の役者・太九郎《たくろう》とも通じており、太九郎に小平次の殺害を依頼する。沼で舟から突き落とし、舟の縁にしがみついた小平次の指を太九郎は刃物で切り落とし、小平次は沼に沈む。

※27　入船堂本店
明治三十八年（一九〇五年）に手内職として発足。明治四十二年（一九〇九年）には築地入船町に専業化して「入船煎餅」と改称。当時、劇場や映画館で売られていた「おせんにキャラメル」の「おせん（べい）」は、入船煎餅が一手に引き受けていた。大正十四年（一九二五年）、現在地に移転し屋号を「入船堂本店」とする。

※28　三笑亭笑三（さんしょうてい・しょうざ）
一九二五～二〇一八年。落語家。一九四六年、八代目三笑亭可楽《からく》に入門。一九六一年、真打昇進。浅草演芸ホールのプログラムの表紙絵を二十年以上担当していた。

※29　七代目春風亭柳橋（しゅんぷうてい・りゅうきょう）
一九三五～二〇〇四年。落語家。一九五二年、三代目桂三木助に入門。一九六四年、真打昇進。一九八二年、七代目柳橋襲名。

※30『天野屋利兵衛』（あまのやりへえ）
『赤穂義士伝』の外伝の代表作のひとつ。泉州堺の廻船問屋主人の

利兵衛は、赤穂藩主・浅野内匠頭からご恩を受けていた。大石内蔵助から討ち入りのための忍び道具を揃えるよう頼まれるが、その道具が見つかり利兵衛は捕縛される。

※31　佐藤染業
都電荒川線早稲田駅近く、神田川沿いにあった店で、通称「ゆたか」と呼ばれていた。多くの芸人がここで手拭いを注文し贔屓にしていた。近年、惜しまれつつ仕事を辞められた。

※32　七代目一龍斎貞山（いちりゅうさい・ていざん）
一九〇七〜一九六六年。講談師。一九二二年、六代目一龍斎貞山に入門。一九三一年、真打昇進。一九四七年、七代目貞山襲名。道具仕掛けの怪談を得意とし「お化けの貞山」の異名を取る。

※33　福富太郎（ふくとみ・たろう）
一九三一〜二〇一八年。実業家。キャバレー「ハリウッド」を全盛期は44店舗構え「キャバレー太郎」の異名をとる。二代目神田山陽の最大のご贔屓でもあった。その縁で、伯山の師匠・三代目神田松鯉の真打披露パーティーは、銀座の「ハリウッド」で開催された。

※34　三遊亭好楽（さんゆうてい・こうらく）
一九四六年〜。落語家。一九六六年、八代目林家正蔵に入門。一九八一年、真打昇進。一九八三年、五代目三遊亭圓楽門下に移籍し、三遊亭好楽に改名。日本テレビ系列の番組『笑点』の大喜利メンバー。二〇一三年、自宅を改築し寄席「池之端しのぶ亭」を開く。

あとがき

　この本をお買い求めのお客さま、ありがとうございます。

　乾坤一擲、捲土重来、付和雷同の本ができました。意味はちっともわかりませんが、私が神田伯山となってから初めての本となります。

　二〇二〇年に真打になり、芸名も松之丞改め「伯山」を襲名いたしました。

　講談界もいろいろと変化を遂げていますが、コロナ禍もようやく終わりを告げ、演芸界も活気を取り戻しています。


　もっともこの本は、ぐずる子どもを寝かしつけ、夜な夜な眠い目をこすりながら書いたものではありません。

　本のつくり方としましては、「伯山へのインタビューからの、九龍ジョーさんの聞き書き」ということになります。古くからある、アイドルや大御所が時間がないなか、苦肉の策で捻り出したというあの手法です。

私の言葉を書き起こして、読みやすい本にしてもらいました。

とはいえ、いままで私が出版した本は、すべて聞き書きでした。出版社は異なれど、杉江松恋さん、長井好弘さん……などなど。実際に私が書いたのは、常に「あとがき」だけでした。つまり、「さきがき」はしておりません。都市伝説において、『ゴルゴ13』のさいとう・たかをを先生が最後にゴルゴに目を入れていく作業――それこそが皆さまがいまお読みになっている、この「あとがき」なのです。

しかし考えてみれば、イエス・キリストも自分で新約聖書を書いたのではなく、弟子たちが書いたわけです。ソクラテスもそうでした。文章は上手い人が書けばいいのです。

さらに言えば、講談社というのは、講談の速記を売っていた歴史があります。速記とは「講談師の言葉をそのまま書き起こす」こと。つまり、講談師である私のしゃべった言葉を、活字という別の表現に移し替えて出版することは、ある意味、伝統的な手法とも言えるかもしれません。

いろいろ冗談も書きましたが、今回、本音を言います。

じつによい本になりました。

講談社できちっとした講談本を出すことが大事だな、と思っていた矢先、「物語の場所」に主眼を置いたこのような本を出版することができました。

本で言及しました多くの場所が、私の YouTube チャンネル「神田伯山ティービィー」の映像でも楽しめますので、そちらもぜひご覧ください。

そしてなにより、物語を聴いていただき、現地にも足を運んでいただけたらと。

そもそも講談では、日本人が生きてきた歴史そのものが、娯楽となっているわけです。ですから、いままで講談に興味のなかった人にも、読んでいただけたらと思うのです。なんてことのない場所が、この本をきっかけに、歴史や物語をまとう豊かな地として見ていただけるとすれば、こんなうれしいことはありません。


改めまして、九龍ジョーさん、「神田伯山ティービィー」の岩淵弘樹監督、表紙に作品を快く提供してくださった山口晃さん、デザイナーの守先正さん、題字の竹下直幸さん、本書に協力してくださったすべての取材場所のみなさん、講談社の新井公之さん、『群像』編集部の北村文乃さん、校閲部のみなさん、私のマネジメントスタッフに心より感謝を申し上げます。

それではどこかで、また「あとがき」でお会いしましょう。

二〇二三年初夏

神田伯山

YouTubeチャンネル
神田伯山ティービィー「講談放浪記」全ラインナップ

#1 お江戸上野広小路亭「前編」～未来の講釈場に向けて～
#2 お江戸上野広小路亭「後編」～未来の講釈場に向けて～
#3 湯島天満宮 ～講談高座発祥の地～
#4 鈴本演芸場 ～本牧亭の記憶をたずねて～
#5 於岩稲荷田宮神社 ～四谷怪談・お岩様の稲荷～
#6 妙行寺 ～四谷怪談・お岩様の墓所～
#7 愛宕神社 ～出世の石段を登って～
#8 桜なべ 中江「前編」～浅草文化の粋を味わう～
#9 桜なべ 中江「後編」～お座敷遊びをやってみました～
#10 吉原さんぽ ～遊郭の面影を求めて～
#11 天保水滸伝「前編」～侠客たちの足跡～
#12 天保水滸伝「中編」～侠客たちの足跡～
#13 天保水滸伝「後編」～侠客たちの足跡～
#14 赤穂義士伝「前編」～泉岳寺・忠臣蔵の聖地～

#15 赤穂義士伝「中編」～泉岳寺・四十七士の息吹～
#16 赤穂義士伝「後編」～お化け銀杏と切腹最中～
「特別編」講談ゆかりの講談社で【『群像』連載開始記念】
#17 日光東照宮 ～陽明門と左甚五郎伝説～
#18 日光江戸村で「江戸人」に変身 ～EDO WONDERLAND 日光江戸村「前編」～
#19 日光江戸村で襲名披露の巻 ～EDO WONDERLAND 日光江戸村「中編」～
#20 日光江戸村で「南町奉行」を勤めてみた ～EDO WONDERLAND 日光江戸村「後編」～
#21 名城・名古屋城に潜入「前編」
#22 名城・名古屋城に潜入「後編」
#23 壇ノ浦 ～源平合戦最終の地～
#24 巌流島「前編」～武蔵vs小次郎、決闘の真相～
#25 巌流島「後編」～なぜ敗者・小次郎（佐々木巌流）が島の名前になったのか～
#26 増上寺でゆかりの「慶安太平記」を読んできました（法要つき）
#27 師匠・松鯉に聞く、講談秘蔵エピソード「前編」
#28 師匠・松鯉に聞く、講談秘蔵エピソード「後編」

（2023年4月現在）

参考文献

神田松鯉『人生を豊かにしたい人のための講談』マイナビ新書　二〇二〇年
神田松之丞『神田松之丞　講談入門』河出書房新社　二〇一八年
神田松之丞『絶滅危惧職、講談師を生きる』（聞き手・杉江松恋）新潮文庫　二〇一九年
『Pen BOOKS 1冊まるごと、松之丞改め六代目神田伯山』CCCメディアハウス　二〇二〇年
田邊南鶴編『講談研究』自費出版　一九六五年
吉澤英明編著『講談作品事典』（上）（中）（下）「講談作品事典」刊行会　二〇〇八年
講談社編『講談名作文庫』全三十巻　講談社　一九七六年
池田彌三郎、一龍齋貞鳳、木村毅、寶井馬琴 監修『定本　講談名作全集』別巻　講談社　一九七一年
石井英子『本牧亭の灯は消えず　席亭・石井英子一代記』中公文庫　二〇二一年
財団法人 中央義士会 監修『元禄の凱旋 赤穂義士の引揚げ』街と暮らし社　二〇〇六年
野口政司『実録　天保水滸伝』自費出版　一九七三年
千葉県立大利根博物館編『特別展　天保水滸伝の世界展示図録』千葉県立大利根博物館　一九九三年
魚住昭『出版と権力　講談社と野間家の一一〇年』講談社　二〇二一年
月刊誌「東京人」no. 457「特集　寄席」都市出版　二〇二二年
月刊誌「東京人」no. 462「特集　講談」都市出版　二〇二三年

（順不同）

初出一覧

連載「講談放浪記」

①本牧亭――来るべき講釈場として　『群像』2022年1月号
②本天保水滸伝――侠客たちの足跡　『群像』2022年2月号
③日光で想う江戸の講釈　『群像』2022年3月号
④泉岳寺――赤穂義士の聖地　『群像』2022年4月号
⑤壇ノ浦――死して生きる物語　『群像』2022年5月号
⑥出世の石段と講談リアリティ　『群像』2022年6月号
⑦巌流島――武蔵と小次郎の真実　『群像』2022年7月号
⑧四谷怪談――お岩さんの聖地をめぐって　『群像』2022年8月号
⑨寄席の魅力　『群像』2022年9月号
⑩力士伝と相撲幻想　『群像』2022年10月号
⑪歌舞伎座――講談と歌舞伎のクロスポイント　『群像』2022年11月号

以上、初出作品を改稿大幅加筆。そのほかの原稿はすべて書き下ろし。

神田伯山　Hakuzan Kanda

日本講談協会、落語芸術協会所属。2007年11月、講談師・三代目神田松鯉に入門し、「松之丞」。2012年6月、二ツ目昇進。2020年2月11日、真打昇進と同時に六代目神田伯山を襲名。若くして、寛永宮本武蔵伝、慶安太平記、村井長庵、天保水滸伝、天明白浪伝、畔倉重四郎などの「連続物」、「端物」と言われる数々の読み物を継承している。TBSラジオではレギュラー番組「問わず語りの神田伯山」を持つ。著作に『絶滅危惧職、講談師を生きる』(聞き手・杉江松恋／新潮社)、『神田松之丞 講談入門』(河出書房新社)、『Pen BOOKS 1冊まるごと、松之丞改め六代目神田伯山』(CCCメディアハウス)。『講談えほん』シリーズ(全8巻／講談社)、漫画『ひらばのひと』(作・久世番子／講談社)の監修をつとめる。2020年、YouTubeチャンネル「神田伯山ティービィー」が、第57回ギャラクシー賞テレビ部門フロンティア賞受賞。

講談《こうだん》放浪《ほうろう》記《き》

発行日　2023年7月18日　第1刷発行
2024年12月2日　第4刷発行

著者　神田《かんだ》伯山《はくざん》

発行者　安永尚人

発行所　株式会社 講談社
〒112-8001 東京都文京区音羽2-12-21
電話　03-5395-3534（編集）
03-5395-3625（販売）
03-5395-3615（業務）

印刷所　TOPPAN株式会社

製本所　株式会社国宝社

ISBN978-4-06-530500-3　N.D.C.779 260p 19cm

KODANSHA